2021

中国农产品价格调查年鉴

CHINA YEARBOOK OF AGRICULTURAL PRICE SURVEY

国家统计局农村社会经济调查司　编

中国统计出版社
China Statistics Press

图书在版编目（CIP）数据

中国农产品价格调查年鉴 . 2021 : 汉英对照 / 国家统计局农村社会经济调查司编 . -- 北京 : 中国统计出版社 , 2021.7
ISBN 978-7-5037-9570-1

Ⅰ . ①中 … Ⅱ . ①国 … Ⅲ . ①农产品价格－统计资料－中国－ 2021 －年鉴－汉、英 Ⅳ . ① F323.7-54

中国版本图书馆 CIP 数据核字 (2021) 第 144314 号

中国农产品价格调查年鉴—2021
CHINA YEARBOOK OF AGRICULTURAL PRICE SURVEY 2021

编　　者 / 国家统计局农村社会经济调查司
责任编辑 / 冯诗萌
封面设计 / 李雪燕
出版发行 / 中国统计出版社
通信地址 / 北京市丰台区西三环南路甲 6 号　邮政编码 /100073
电　　话 / 邮购（010）63376909　书店（010）68783171
网　　址 / http://www.zgtjcbs.com/
印　　刷 / 河北鑫兆源印刷有限公司
经　　销 / 新华书店
开　　本 / 880mm×1230mm　1/16
字　　数 / 332 千字
印　　张 / 10.5
版　　别 / 2021 年 7 月第 1 版
版　　次 / 2021 年 7 月第 1 次印刷
定　　价 / 168.00 元

如有印装差错，由本社发行部调换。

《中国农产品价格调查年鉴—2021》编辑委员会

《CHINA YEARBOOK OF AGRICULTURAL PRICE SURVEY—2021》

EDITORIAL BOARD AND STAFF

前　言

一、编辑目的与作用

随着我国社会主义市场经济体制的建立与不断完善，农村经济运行的市场化步伐加快，市场机制在农产品流通与贸易中的基础作用日益显现，宏观决策和社会公众对农产品价格信息的需求与日俱增。为了适应这一新的形势，国家统计局农村社会经济调查司发挥系统自身优势，逐步建立起完整的农产品价格调查体系，对农产品生产和流通的全过程进行密切跟踪调查，全方位把握农产品价格走势，深入透视农产品生产、贸易和消费环节的分配关系和利益格局。汇编这些价格数据的目的就是为了充分发挥农产品价格信息在分析研究我国农产品供给与需求、农产品市场竞争与产业结构调整、农民收入与居民消费等方面的独特作用，更好地服务于各级党政领导的“三农”决策，服务于关注农产品价格问题的研究机构和各界社会公众。

二、主要内容与资料调查方法

本书的内容主要包括统计图、农产品生产者价格指数和农产品集贸市场价格三部分。农产品生产者价格，是农产品生产者直接出售其产品时实际获得的单位产品价格，它是农产品集贸市场价格、批发价格和消费价格形成的基础和前提。农产品生产者价格调查采用随机抽样的方法抽选调查网点，实行抽样调查。全国共抽选 2 万个农业生产经营单位，其中普通农户占 1/3，农业生产单位和生产大户占 2/3。调查内容涉及农、林、牧、渔四个大类，180 种代表品。农产品集贸市场价格调查是对全国 200 个农产品主产县（市）31 种农产品进行的集贸市场价格调查，旨在反映我国农产品主产区大宗农产品的交易价格和价格走势。

三、特别说明

本书在重点收录2020年农产品价格调查资料的同时，编发了2000年以来主要年份全国主要农产品的价格数据（全国汇总数据不包含西藏，也不包含香港、澳门特别行政区和台湾省数据）。生产者价格指数以上年或上年同期价格为100。农产品集贸市场价格单位为“元/公斤”，价格数据保留两位小数。

为了及时反映全国农产品价格走势，我们将定期出版《中国农产品价格调查年鉴》。限于我们的经验和水平，书中疏漏在所难免，不妥之处敬请读者批评指正。

编　者

2021年7月

Preface

I. Background and Purpose

Along with the establishment and improvement of the system of socialist market economy in China, the market-oriented pace of the rural economy has been accelerated. The market plays more and more important role in production and trade of agricultural products. Therefore, the government and publics have increasingly more demand for the information on the prices of agricultural products. In order to fit in with this situation, Department of Rural Surveys National Bureau of Statistics has been carrying out surveys on the prices of agricultural products to monitor the movement of the related prices and to maintain the agricultural accounting system, through its survey teams locating all over the country since 2003. The purpose of this book is to provide the price information of agricultural products to government agencies at various level, the research institutions, agricultural holdings as well as other publics for the decision-making and analyzing the supply and demand relations of the agricultural products, the market competition of agricultural products and the agricultural restructure, the farmers income and resident consumption, etc.

II. Contents and Methodology

The contents of this book include: the chart of price movement of agricultural products, the producer price indices of agricultural products, the prices of agricultural products at the rural market fairs. The producer price of the agricultural product is the price of the unit product, at which the producer of the agricultural product, i.e. the agricultural household or the farm, directly sells the product. The producer prices of agricultural products are the bases of the prices of the agricultural products at the rural market fairs as well as the wholesale prices and consumer prices. National Producer Prices Survey of agricultural products is a sample survey with its sample units selected with random sampling method. A total of 20000 units engaged in agricultural production have been selected in the whole country, in which the agricultural households account for one third and the farms account for two thirds. The survey covers 180 representative agricultural products in four categories of farming, forestry, livestock and fishery. Survey of Agricultural Products Prices at Rural Market Fairs is a survey on the prices of 31 agricultural products in 200 major producing counties and cities conducted for reflecting the trading prices of the staple agricultural products in the major producing areas and the change of these prices.

III.Additional Notes

While mainly presenting the survey data on the prices of agricultural products in 2020, this book also releases the series data on the prices of main agricultural products in China since 2000 (The country's aggregated data excludes Tibet, Hokong Special Administrative Region, Macao Special Administrative Region and Taiwan Province). The producer price indices take the prices in the preceding year or the prices at the same period of preceding year as 100. The unit of the prices of agricultural products at rural market fairs is unified to be Yuan/kg and two decimals are kept for the price data. In order to better reflect the change of the prices of agricultural products in China, we will periodically publish the China Yearbook of Agricultural Price Survey. Limit to our experiences and knowledge, some slips are inevitable in the book. We warmly welcome the comments or suggestion from our readers.

The Editor
Beijing
July. 2021

目录

前　言
Preface

第一部分　统计图
Part I　Chart of Price Movement

第二部分　农产品生产者价格指数
Part II　Producer Price Indices of Agricultural Products

第三部分 农产品集贸市场价格

Part III Prices of Agricultural Products at the Rural Market Fairs

附录　全国农产品价格调查方案
Appendix　Programmes for the Survey of the Prices of Agricultural Products

1

统计图

Chart of Price Movement

1-1 农产品生产者价格指数走势图

Chart of Producer Price Indices of Agricultural Products

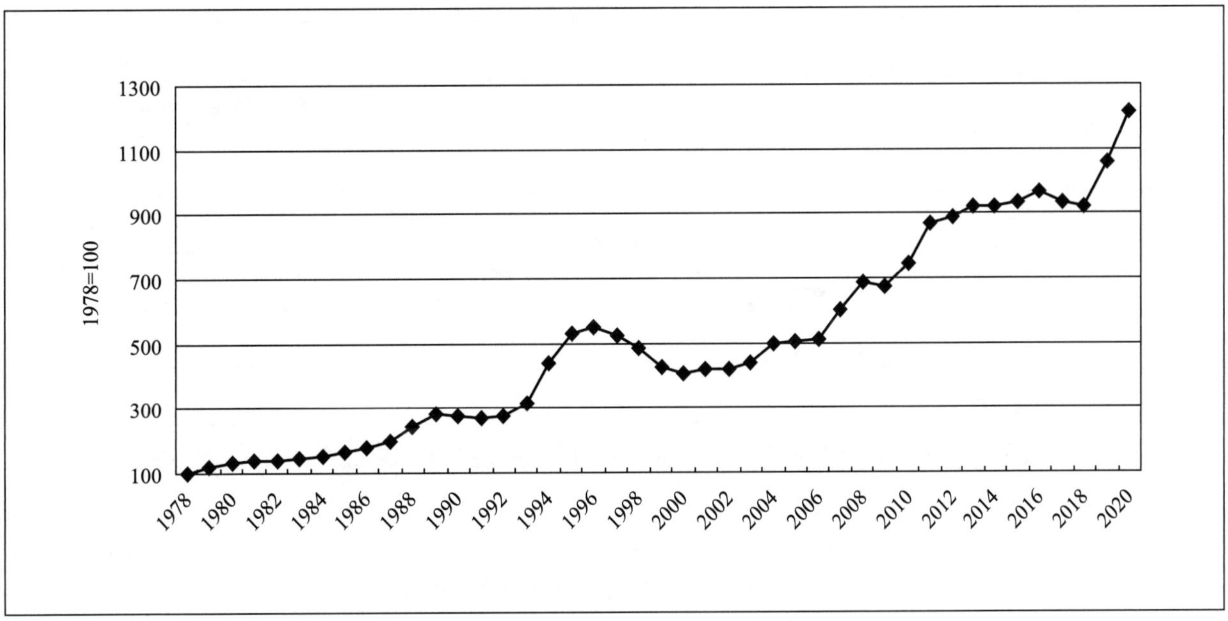

图 1　1978—2020 年农产品生产者价格总指数

Annual Producer Price Indices of Agricultural Products

(1978—2020)

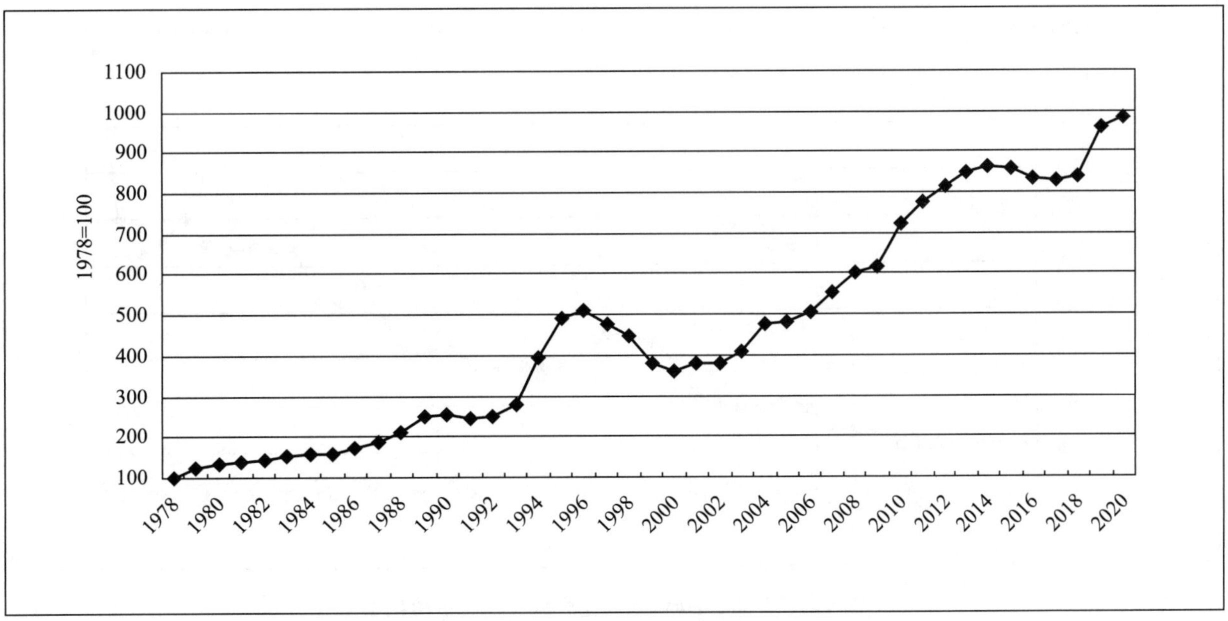

图 2　1978—2020 年种植业产品生产者价格指数

Annual Producer Price Indices of Crop Products

(1978—2020)

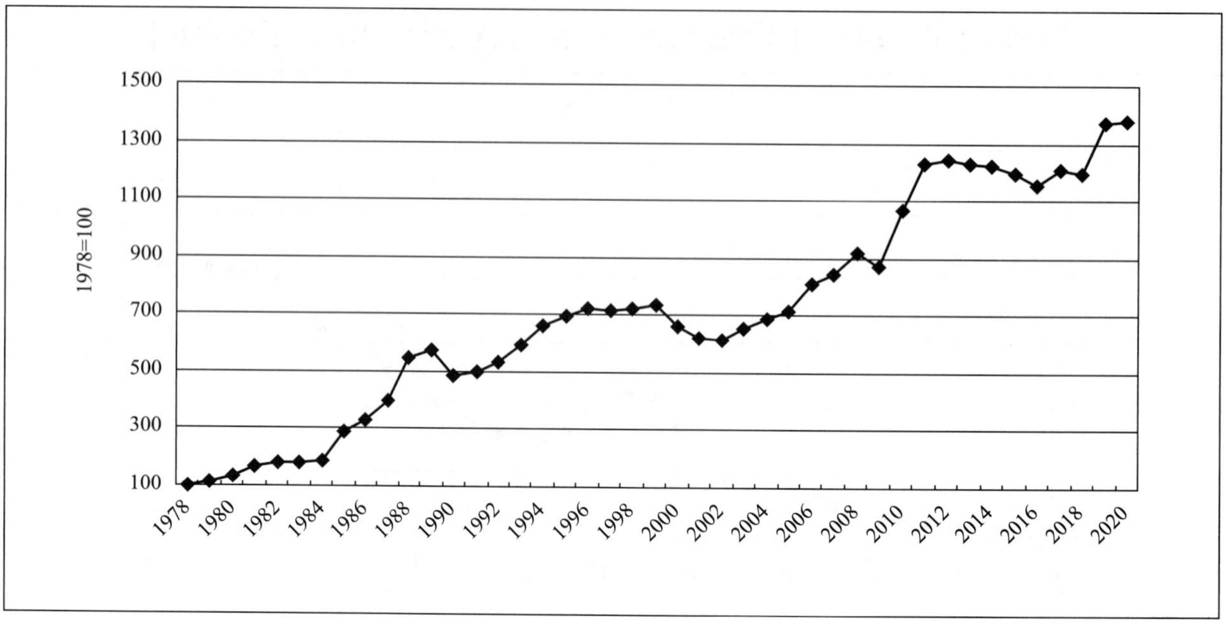

图 3 1978—2020 年林业产品生产者价格指数

Annual Producer Price Indices of Forestry Products (1978—2020)

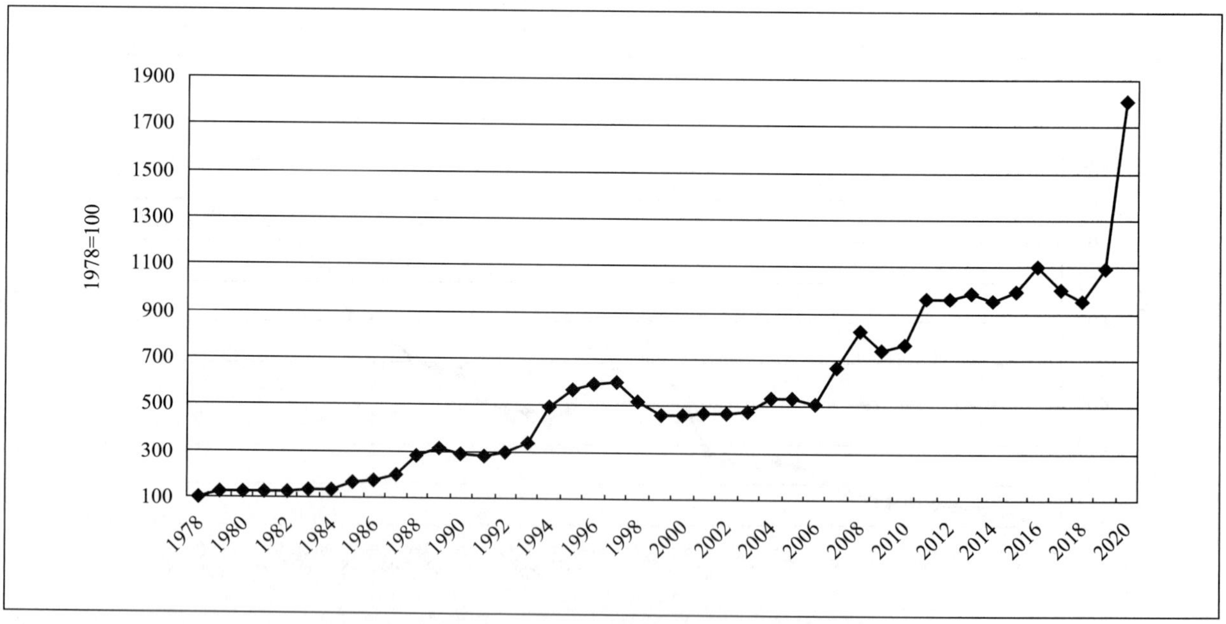

图 4 1978—2020 年畜牧业产品生产者价格指数

Annual Producer Price Indices of Livestock Products (1978—2020)

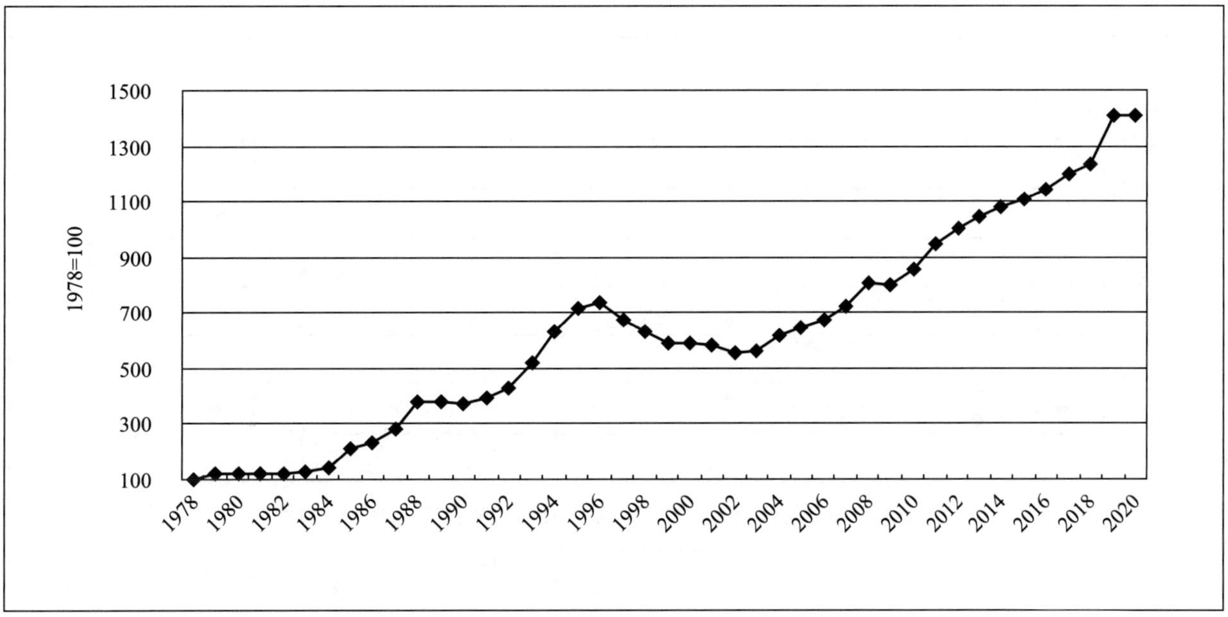

图 5　1978—2020 年渔业产品生产者价格指数
Annual Producer Price Indices of Fishery Products (1978—2020)

1-2 农产品集贸市场价格走势图

Chart of Prices of Agricultural Products at the Rural Market Fairs

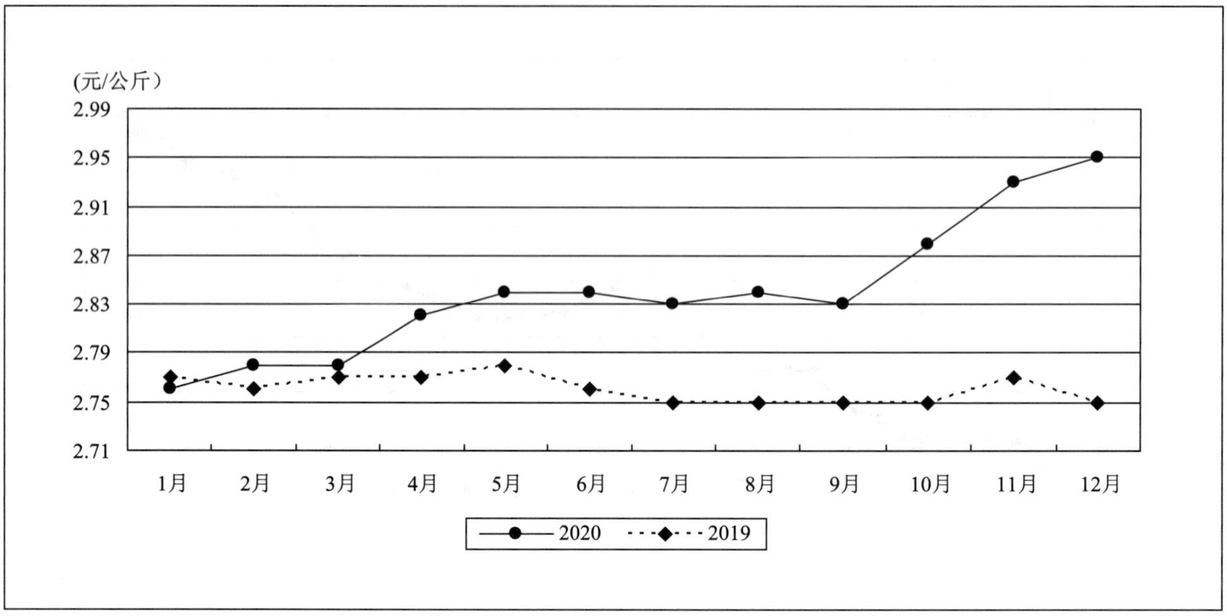

图 1 2020、2019 年籼稻价格走势

Monthly Price Movement of Long-grained Nonglutinous Rice in 2020、2019

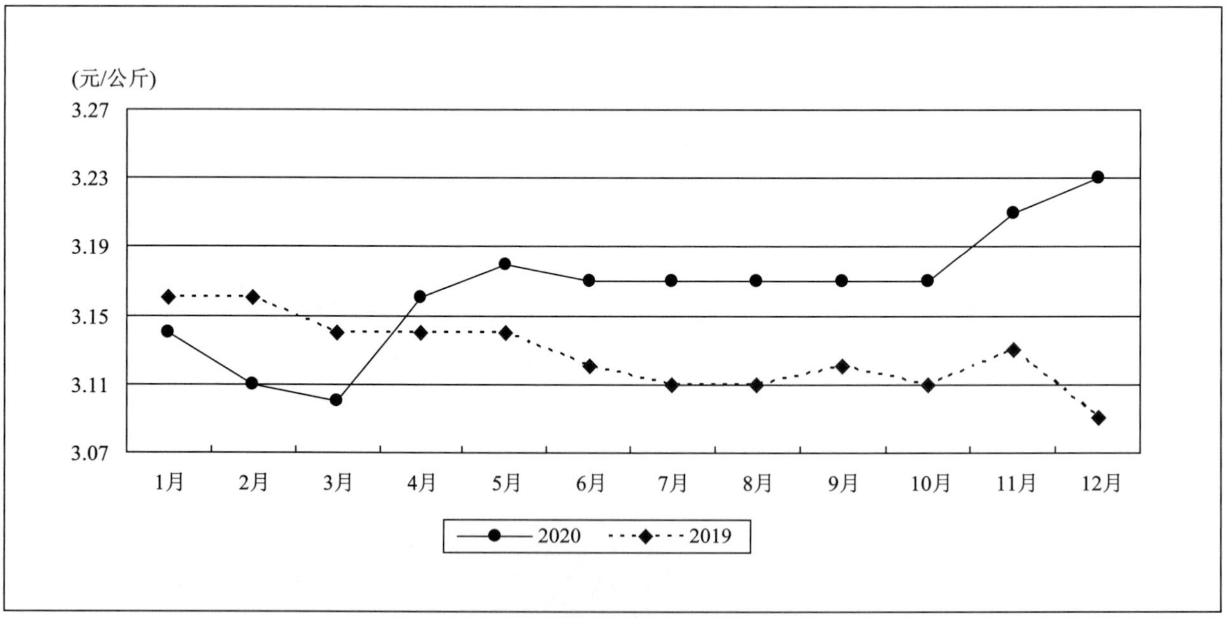

图 2 2020、2019 年粳稻价格走势

Monthly Price Movement of Medium to Short-grained Nonglutinous Rice in 2020、2019

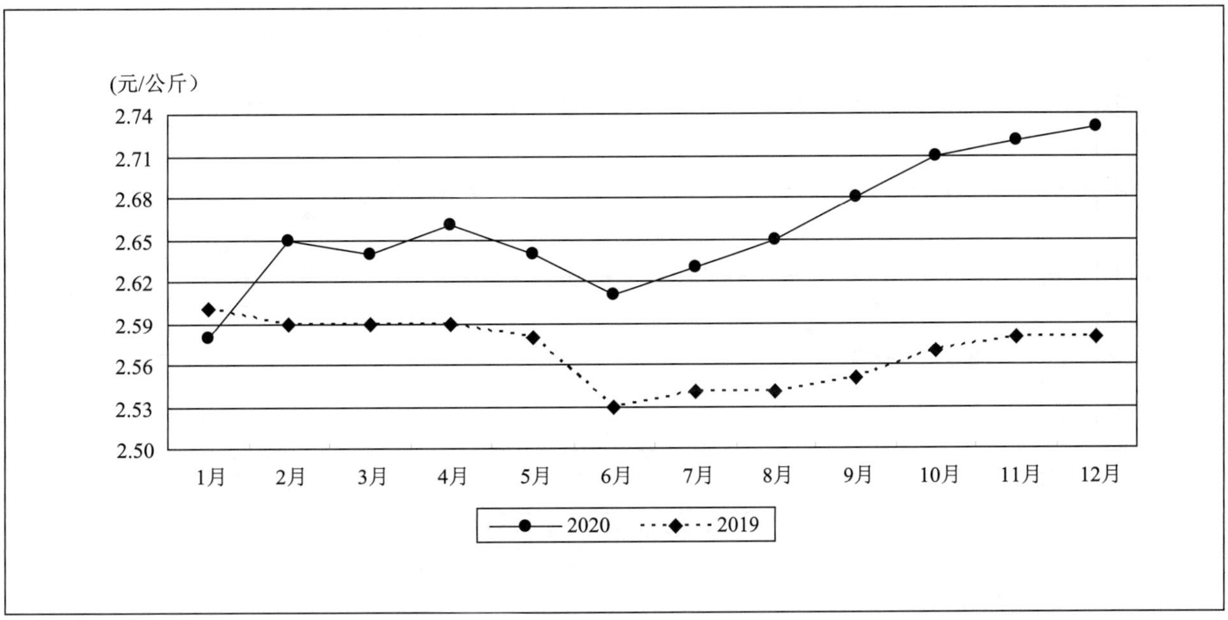

图 3　2020、2019 年小麦价格走势

Monthly Price Movement of Wheat in 2020、2019

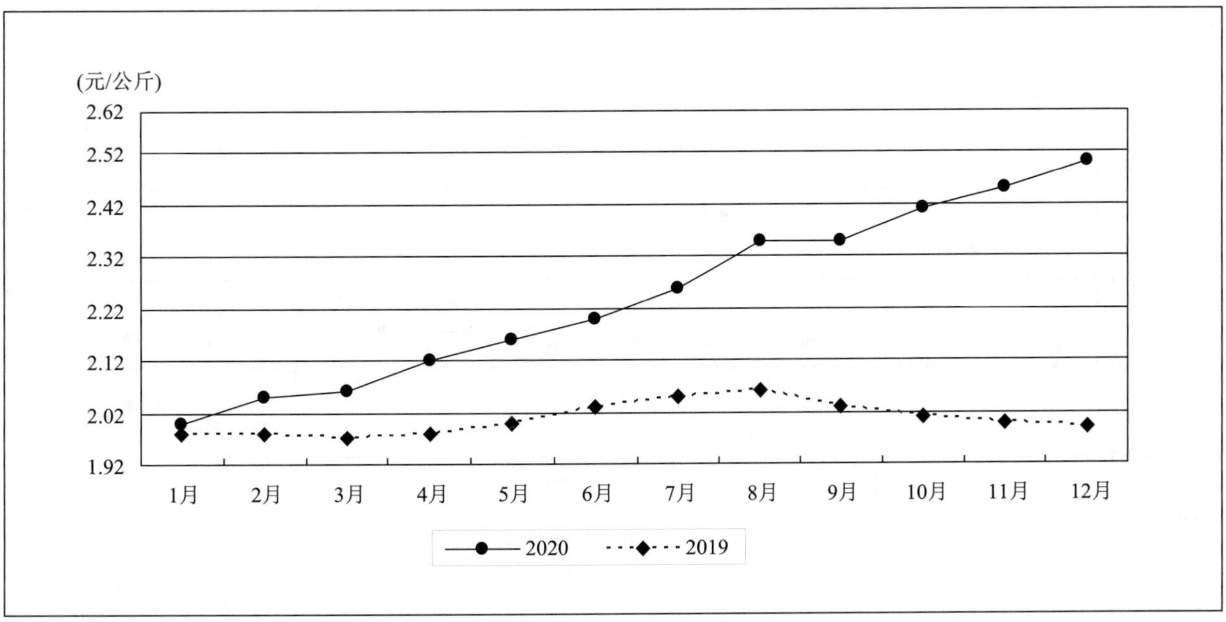

图 4　2020、2019 年玉米价格走势

Monthly Price Movement of Corn in 2020、2019

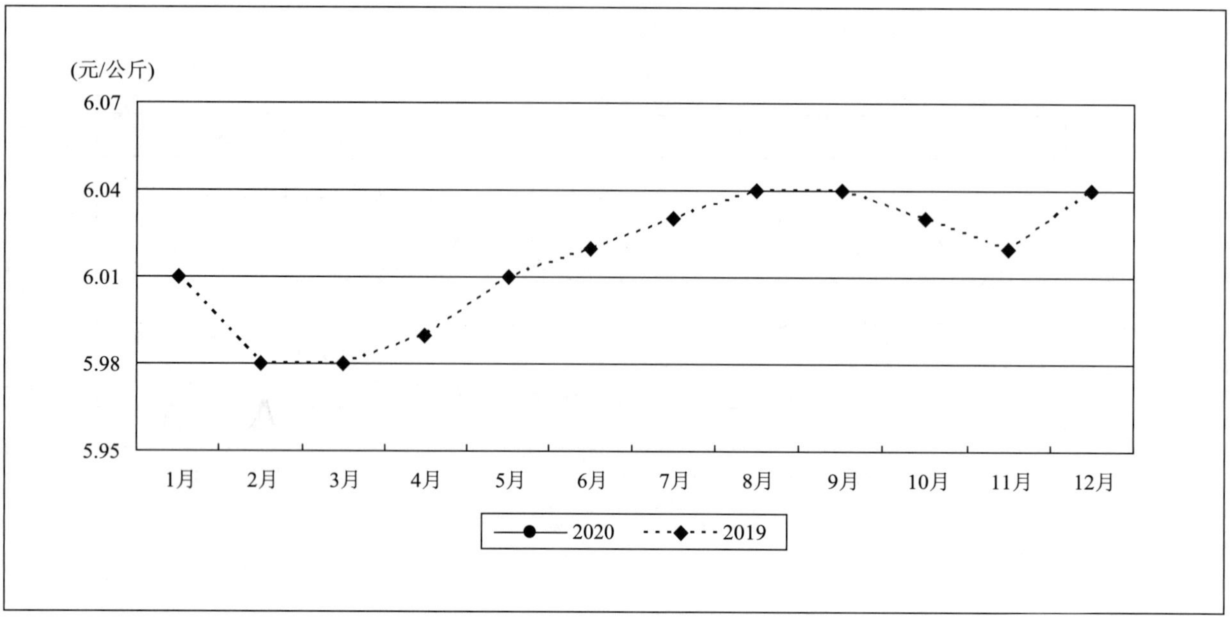

图 5　2020、2019 年大豆价格走势

Monthly Price Movement of Soybean in 2020、2019

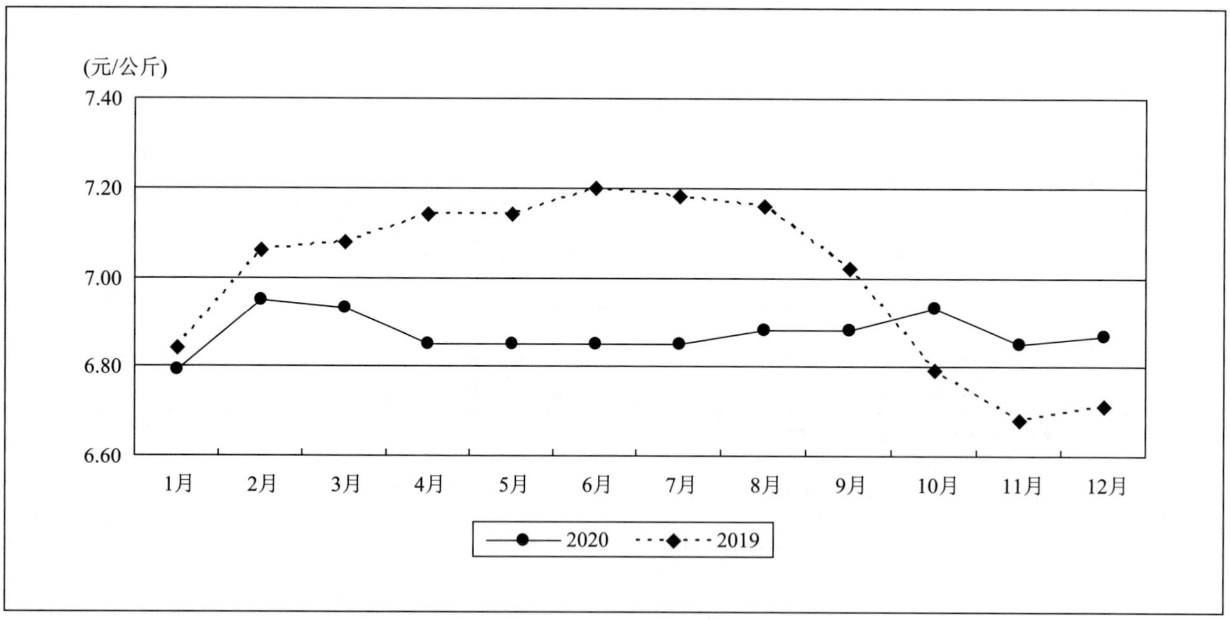

图 6　2020、2019 年棉花（籽棉）价格走势

Monthly Price Movement of Cotton(Unginned) in 2020、2019

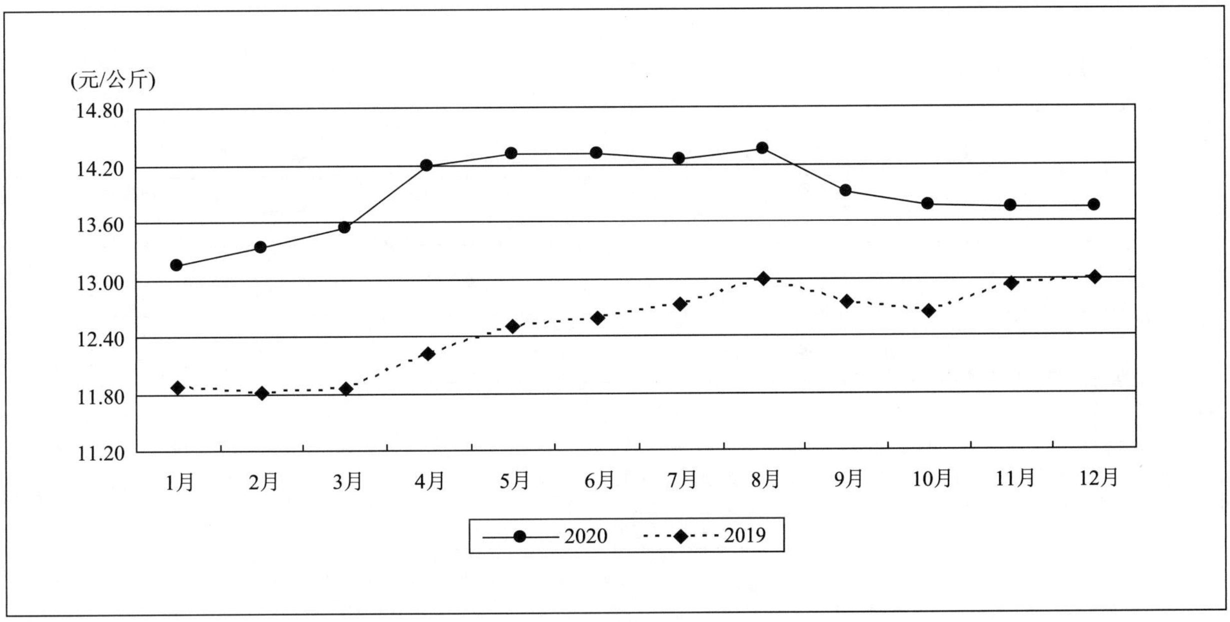

图 7　2020、2019 年花生仁价格走势

Monthly Price Movement of Peanut Kenel in 2020、2019

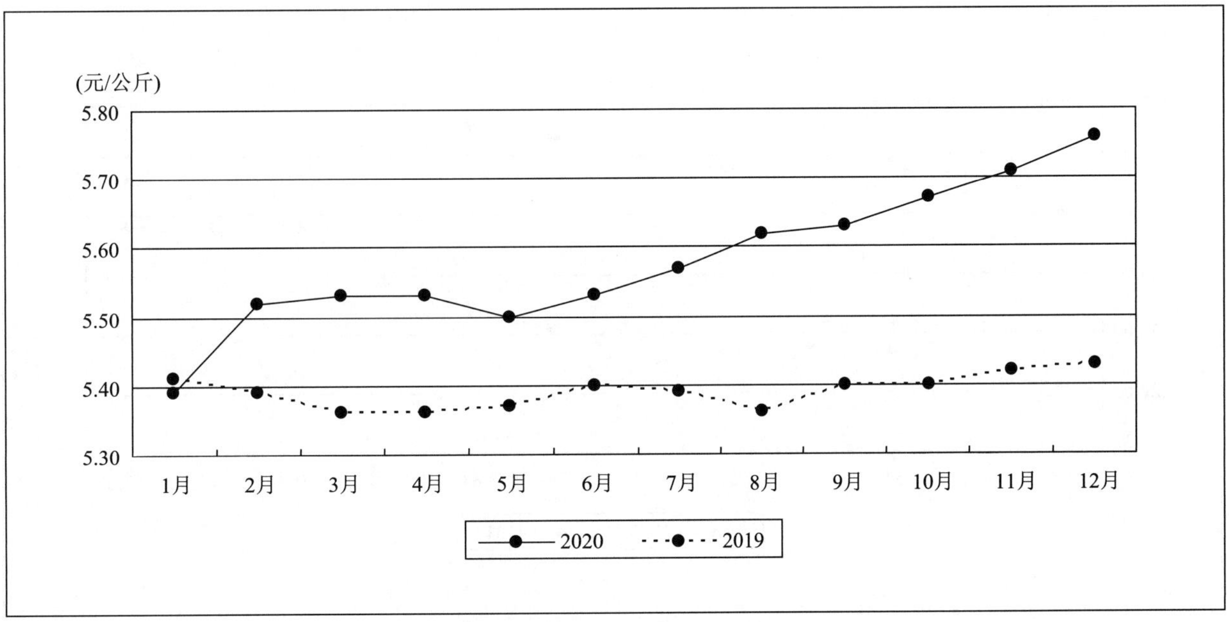

图 8　2020、2019 年油菜籽价格走势

Monthly Price Movement of Rapeseed in 2020、2019

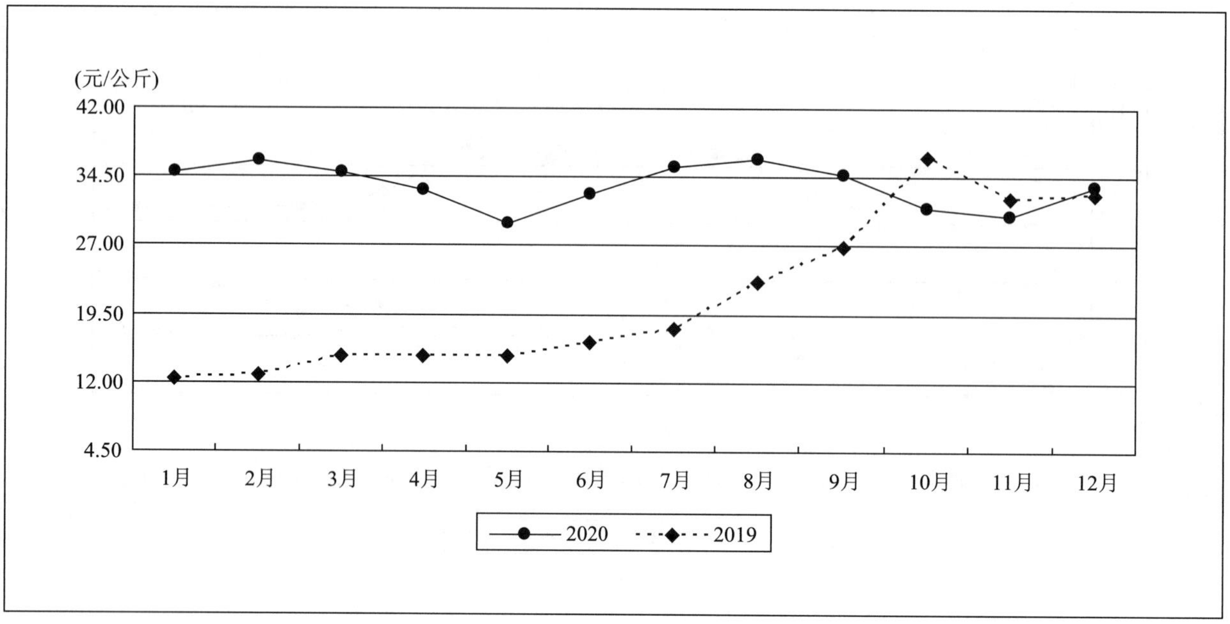

图 9　2020、2019 年生猪价格走势

Monthly Price Movement of Hog in 2020、2019

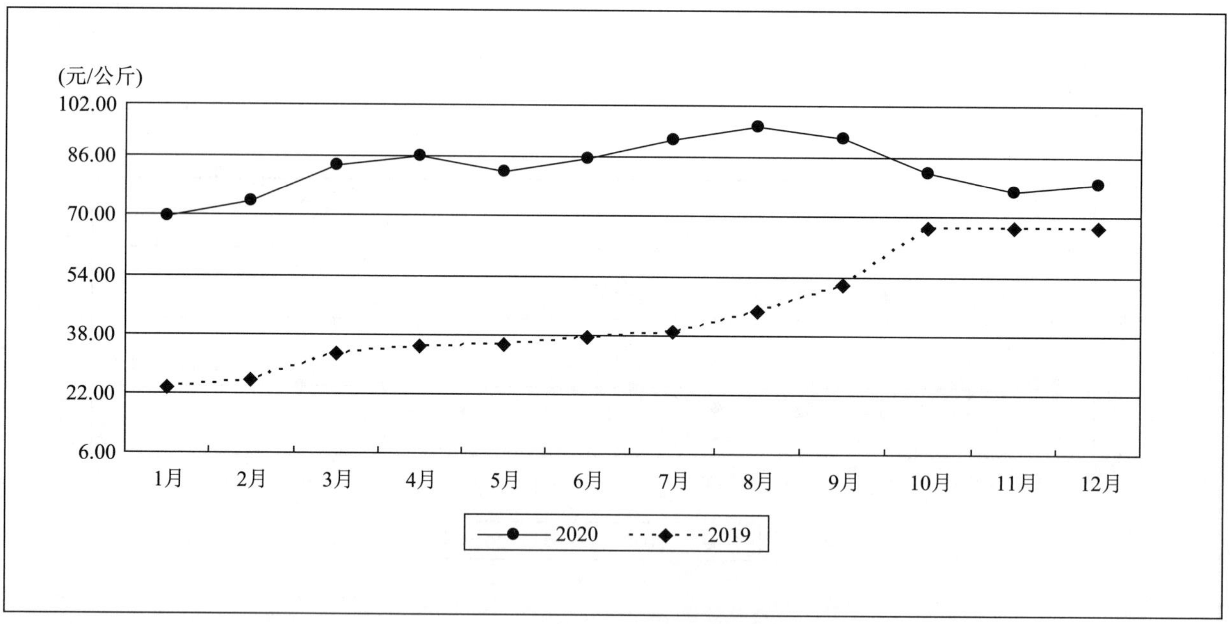

图 10　2020、2019 年仔猪价格走势

Monthly Price Movement of Piglet in 2020、2019

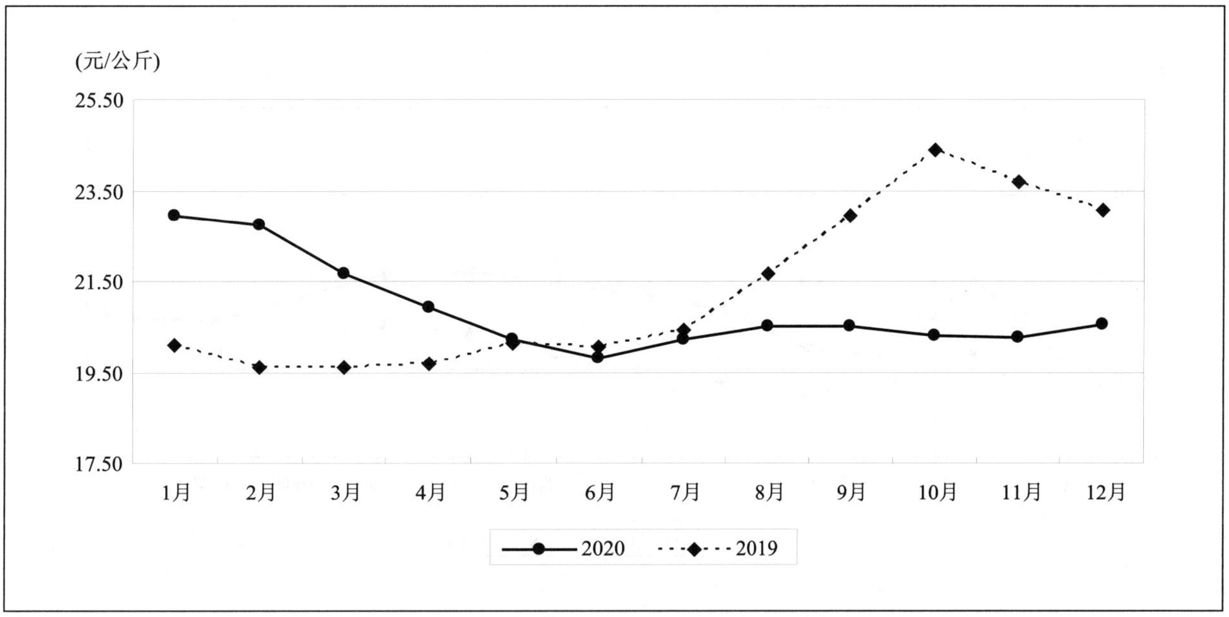

图 11 2020、2019 年活鸡价格走势

Monthly Price Movement of Live Chicken in 2020、2019

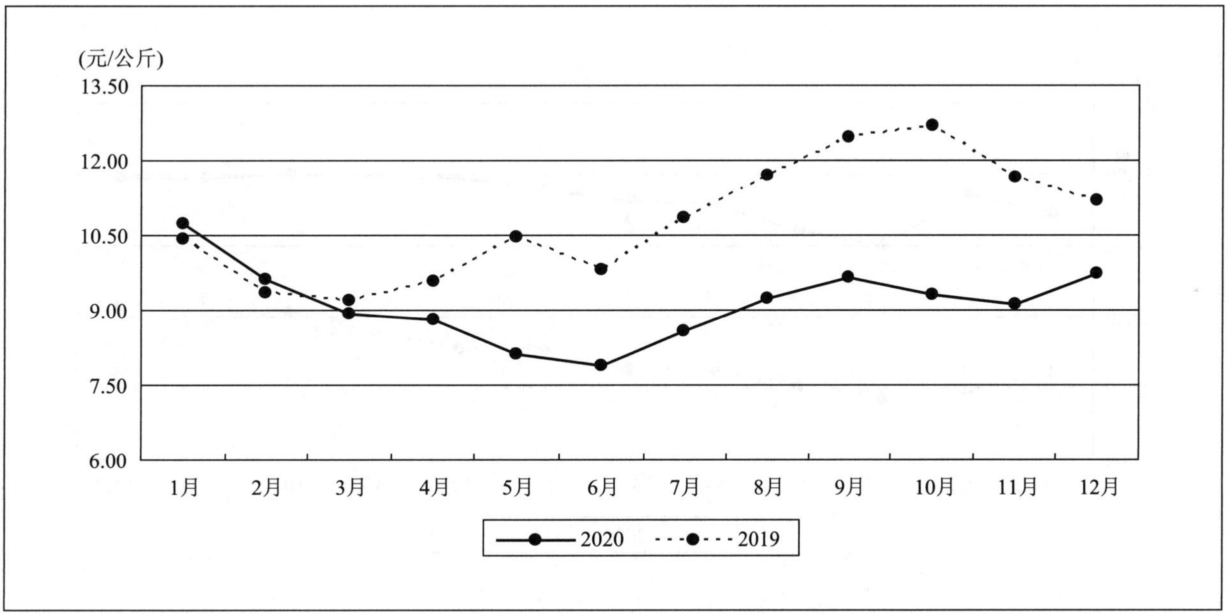

图 12 2020、2019 年鸡蛋价格走势

Monthly Price Movement of Hen's egg in 2020、2019

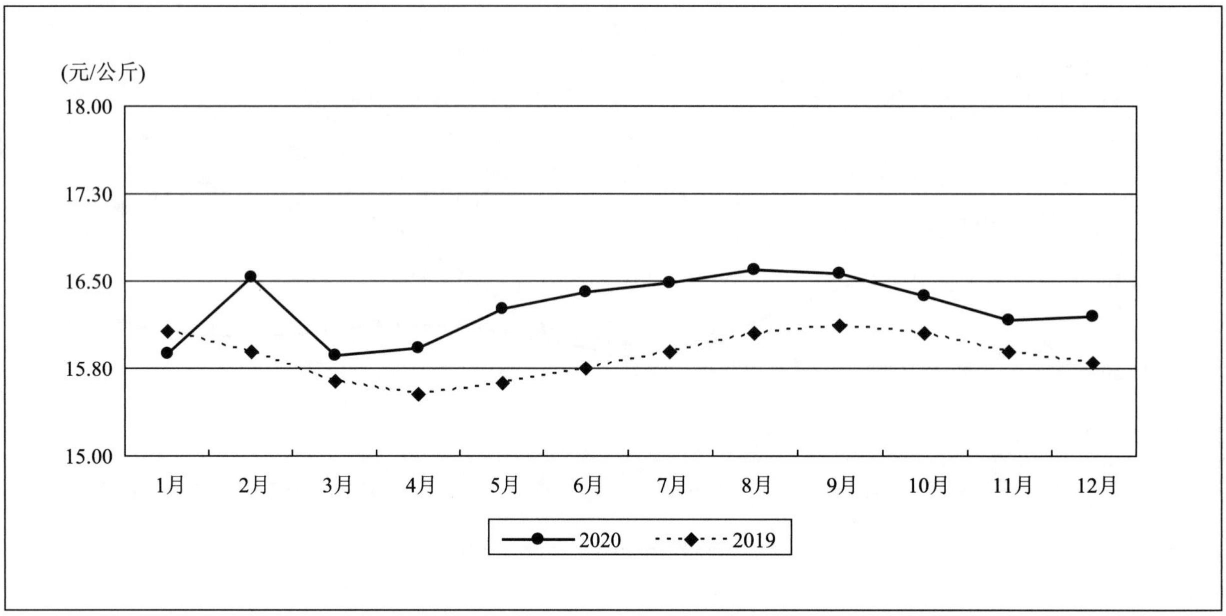

图 13　2020、2019 年草鱼价格走势

Monthly Price Movement of Grass Carp in 2020、2019

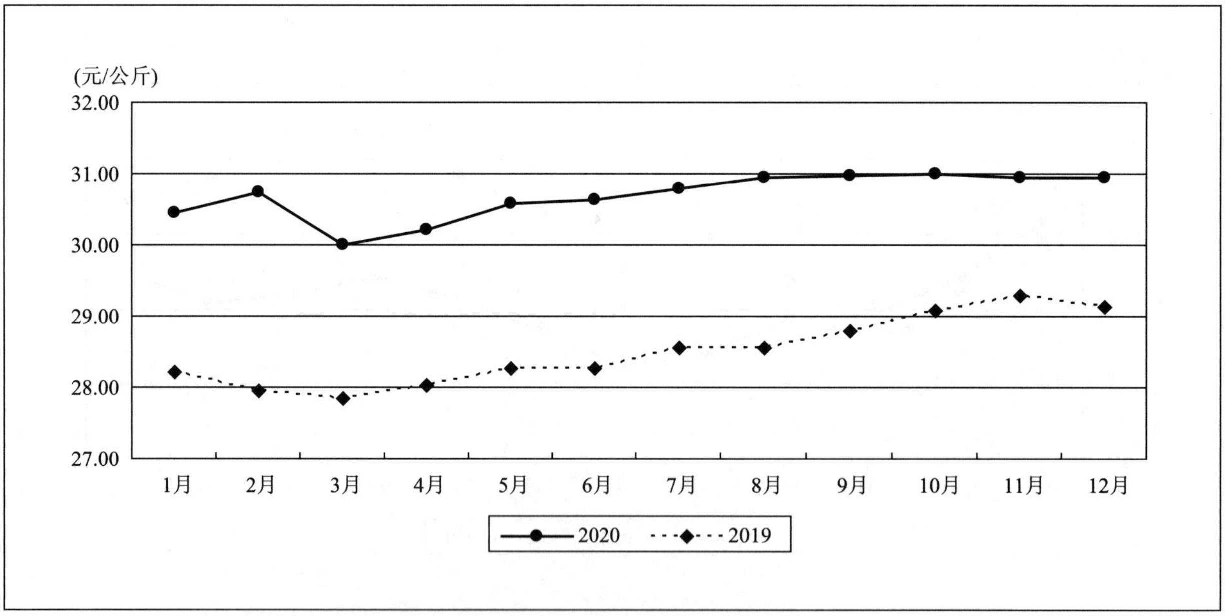

图 14　2020、2019 年带鱼价格走势

Monthly Price Movement of Hairtail in 2020、2019

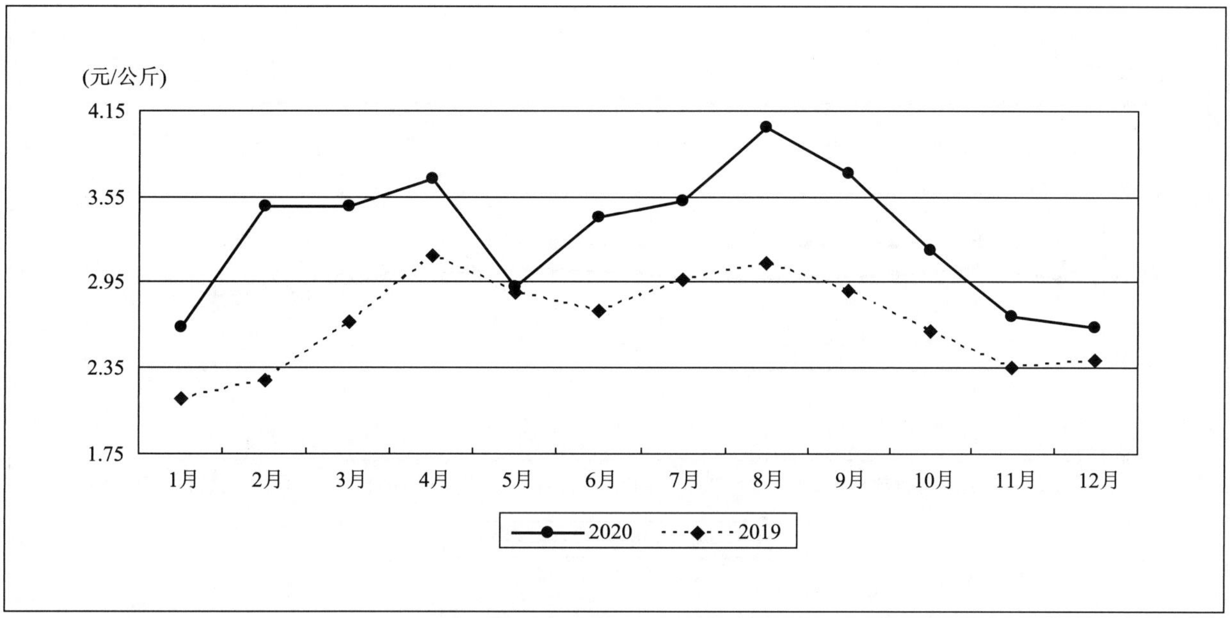

图 15　2020、2019 年大白菜价格走势

Monthly Price Movement of Chinese Cabbage in 2020、2019

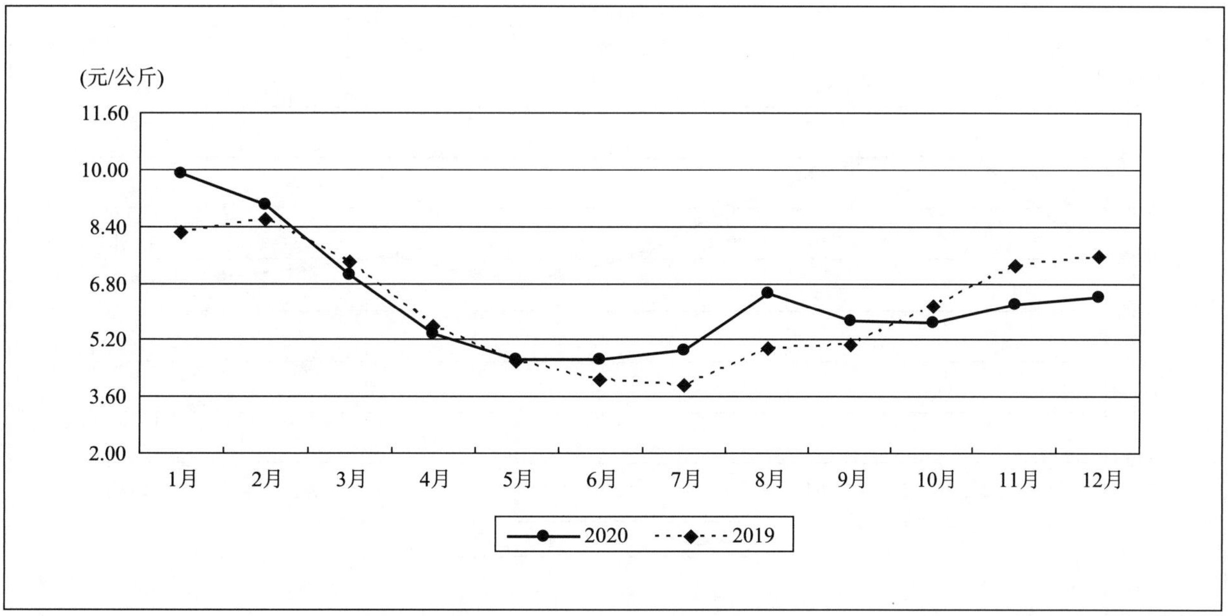

图 16　2020、2019 年黄瓜价格走势

Monthly Price Movement of Cucumber in 2020、2019

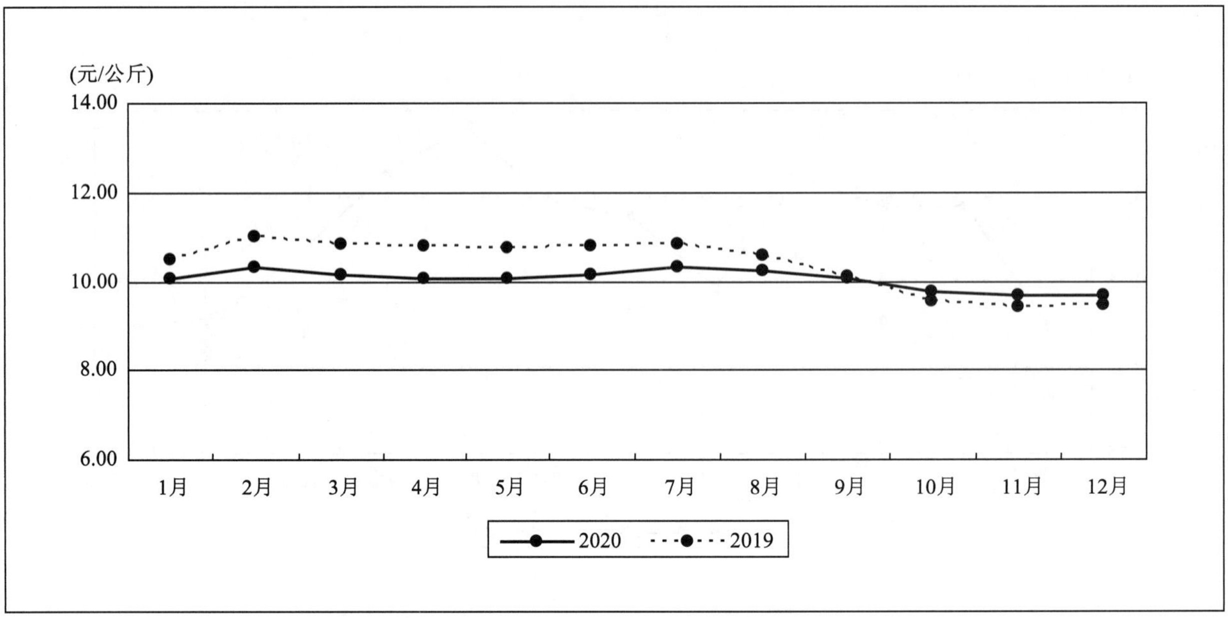

图 17　2020、2019 年红富士苹果价格走势

Monthly Price Movement of Hongfushi Apple in 2020、2019

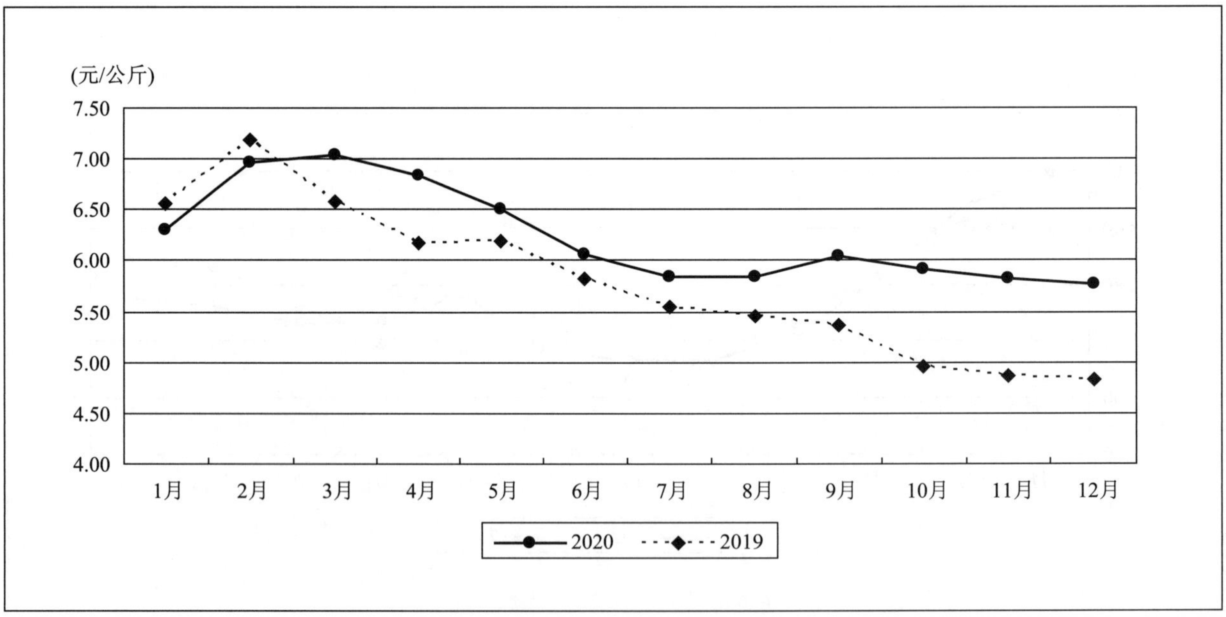

图 18　2020、2019 年香蕉价格走势

Monthly Price Movement of Banana in 2020、2019

2

农产品生产者价格指数

Producer Price Indices of Agricultural Products

2-1 全国农产品生产者价格总指数(上年为100)
Producer Price Indices of Agricultural Products

(上年=100) (preceding year=100)

年份 Year	总指数 All	农业产品 Crop Products	林业产品 Forestry Products	饲养动物及其产品 Raised Animals and Related Products	渔业产品 Fishery Products
1978	103.90	104.69	101.00	100.50	102.50
1979	122.10	122.39	115.00	122.60	118.20
1980	107.10	107.78	115.80	103.40	101.80
1981	105.90	106.09	127.00	101.10	100.60
1982	102.20	102.48	105.90	100.30	101.00
1983	104.40	105.74	100.20	100.50	103.20
1984	104.00	103.82	103.30	104.10	109.80
1985	108.60	101.66	155.50	124.10	151.30
1986	106.40	106.62	114.90	103.00	110.40
1987	112.00	108.83	120.30	117.90	122.80
1988	123.00	113.46	136.70	140.20	134.30
1989	115.00	118.90	105.20	110.20	99.80
1990	97.40	100.73	84.50	92.30	98.80
1991	98.00	97.31	102.40	97.40	104.70
1992	103.40	101.14	107.30	106.30	108.10
1993	113.40	112.05	111.10	114.20	122.10
1994	139.90	141.91	111.80	144.60	122.00
1995	119.90	123.95	105.10	115.80	112.40
1996	104.20	104.71	104.40	103.30	103.40
1997	95.50	92.81	98.90	101.80	91.70
1998	92.00	93.64	101.10	86.90	93.90
1999	87.80	85.75	101.40	88.50	92.50
2000	96.40	94.66	90.00	99.00	100.50
2001	103.10	105.65	94.15	103.07	98.57
2002	99.70	100.04	98.31	100.15	95.89
2003	104.37	107.42	107.01	101.76	100.34
2004	113.09	115.86	104.62	111.08	110.19
2005	101.39	101.55	104.79	100.52	104.67
2006	101.20	104.50	112.78	94.33	103.93
2007	118.49	109.82	104.37	131.36	108.05
2008	114.06	108.43	108.47	123.94	111.24
2009	97.60	102.88	94.88	90.13	99.01
2010	110.94	116.57	122.78	102.96	107.56
2011	116.45	107.83	114.92	126.20	110.04
2012	102.74	104.80	101.23	99.73	106.18
2013	103.22	104.25	99.09	102.40	104.32
2014	99.83	101.79	99.44	97.10	103.10
2015	101.67	99.22	97.88	104.23	102.45
2016	103.42	97.02	96.11	110.37	103.40
2017	96.46	99.48	104.86	90.82	104.95
2018	99.07	101.25	98.90	95.58	102.57
2019	114.51	100.75	100.10	133.47	99.35
2020	115.01	102.77	100.66	132.38	100.16

注：2002年以前农产品生产价格总指数为农产品收购价格指数，下同。

Note: The producer price indices of agricultural products prior to 2002 were purchase price indices of agricultural products and the same as below.

2-2 全国农产品生产者价格总指数(以1978年为100)

Producer Price Indices of Agricultural Products

(1978年=100) (1978=100)

年份 Year	总指数 All	农业产品 Crop Products	林业产品 Forestry Products	饲养动物及其产品 Raised Animals and Related Products	渔业产品 Fishery Products
1978	100.00	100.00	100.00	100.00	100.00
1979	122.10	122.39	115.00	122.60	118.20
1980	130.77	131.91	133.17	126.77	120.33
1981	138.48	139.95	169.13	128.16	121.05
1982	141.53	143.43	179.10	128.55	122.26
1983	147.76	151.66	179.46	129.19	126.17
1984	153.67	157.45	185.38	134.49	138.54
1985	166.88	160.07	288.27	166.90	209.61
1986	177.56	170.67	331.23	171.91	231.41
1987	198.87	185.74	398.46	202.68	284.17
1988	244.61	210.74	544.70	284.15	381.64
1989	281.31	250.56	573.03	313.14	380.87
1990	273.99	252.39	484.21	289.02	376.30
1991	268.51	245.61	495.83	281.51	393.99
1992	277.64	248.40	532.02	299.24	425.90
1993	314.85	278.33	591.08	341.74	520.03
1994	440.47	394.97	660.83	494.15	634.43
1995	528.12	489.56	694.53	572.23	713.10
1996	550.30	512.61	725.09	591.11	737.35
1997	525.54	475.75	717.11	601.75	676.15
1998	483.50	445.50	725.00	522.92	634.90
1999	424.51	382.02	735.15	462.79	587.28
2000	409.23	361.61	661.63	458.16	590.22
2001	421.91	382.03	622.93	472.22	581.78
2002	420.65	382.19	612.40	472.93	557.87
2003	439.03	410.55	655.33	481.26	559.77
2004	496.50	475.66	685.61	534.58	616.81
2005	503.40	483.03	718.45	537.36	645.61
2006	509.44	504.77	810.26	506.89	670.98
2007	603.64	554.34	845.67	665.85	725.00
2008	688.53	601.07	917.30	825.26	806.49
2009	672.01	618.38	870.34	743.80	798.50
2010	745.52	720.85	1068.60	765.82	858.87
2011	868.16	777.27	1228.08	966.45	945.08
2012	891.99	814.59	1243.19	963.83	1003.51
2013	920.72	849.21	1231.88	986.96	1046.86
2014	919.15	864.41	1224.98	958.34	1079.31
2015	934.50	857.67	1199.01	998.88	1105.76
2016	966.45	832.11	1152.40	1102.47	1143.37
2017	932.28	827.74	1208.44	1001.25	1199.96
2018	923.61	838.07	1195.19	957.03	1230.84
2019	1057.63	959.67	1368.61	1095.90	1409.44
2020	1216.41	986.26	1377.64	1811.76	1411.73

2-3 全国主要农产品生产者价格指数
Producer Price Indices of Main Agricultural Products

(上年=100) (preceding year=100)

农产品名称	Categories of agricultural products	2002	2005	2010	2015	2018	2019	2020
总指数	**All**	**99.70**	**101.39**	**110.94**	**101.67**	**99.07**	**114.51**	**115.01**
农业产品	Crop Products	100.04	101.55	116.57	99.22	101.25	100.75	102.77
谷物	Cereal (Unprocessed food grains)	95.83	99.23	112.79	98.67	102.29	100.33	104.05
小麦	Wheat	98.14	96.41	107.86	99.23	100.09	100.05	100.53
稻谷	Rice	97.17	101.57	112.82	101.57	99.74	96.46	100.81
玉米	Maize (Corn)	91.50	97.97	116.07	96.46	105.07	102.01	107.64
豆类	Beans	98.11	95.70	110.43	98.93	98.24	100.06	105.37
大豆	Soybean	98.95	94.24	107.85	99.03	97.93	100.05	105.53
薯类	Tubers	93.71	106.14	130.24	99.31	101.67	104.67	102.99
油料	Oil-bearing crops	104.82	91.33	112.05	100.84	99.09	105.19	107.89
棉花	Cotton (Unginned cotton)	103.35	111.82	157.66	87.52	97.92	97.81	98.53
糖料	Sugar crops	86.01	111.57	106.03	98.75	98.83	97.70	103.11
烟叶	Tobacco	132.78	103.26	105.79	100.55	94.90	101.78	100.28
蔬菜	Vegetables	95.06	107.22	116.80	104.55	103.63	101.24	105.22
水果	Fruit	109.91	107.41	118.85	99.65	101.10	103.64	95.29
茶叶	Tea		110.22	120.38	98.66	100.41	102.74	97.39
林业产品	Forestry Products	98.31	104.79	122.78	97.88	98.90	100.10	100.66
木材采伐产品	Products of felling wood		103.17	103.19	101.16	102.72	102.94	99.11
竹材采伐产品	Products of felling bamboo		103.67	108.03	97.31	99.48	101.53	99.44
胶脂和非直接食用果实类	Ruber, resin and nonedible seeds	110.48	105.76	132.04	86.85	88.90	92.44	107.19
饲养动物及其产品	Raised Animals and Related Products	100.15	100.52	102.96	104.23	95.58	133.47	132.38
生猪	Hog	97.96	97.58	98.33	108.85	85.62	150.52	155.73
活牛	Live cattle	91.44	101.66	104.70	99.08	104.93	112.49	110.51
活羊	Live sheep		101.70	108.67	89.40	114.68	114.30	110.37
肉禽	Poultry	106.09	105.61	106.99	101.27	107.71	107.81	92.90
禽蛋	Poultry eggs	102.80	106.38	107.51	96.85	117.61	102.05	85.92
奶类	Milk	99.71	99.62	115.25	92.22	101.29	105.64	101.51
毛绒类	Wool	80.11	106.51	128.86	98.10	116.90	85.72	105.50
渔业产品	Fishery Products	95.89	104.67	107.56	102.45	102.57	99.35	100.16
海水养殖产品	Marine aquacultural products				101.00	101.41	97.19	96.26
海水捕捞产品	Marine fishing products				105.97	104.74	100.64	99.63
淡水养殖产品	Freshwater aquacultural products				102.05	102.22	99.76	102.03

2-4 全国主要农产品分季度生产者价格指数

(上年同期=100)

年 Year	季 Quarter	总指数 All	农业产品 Crop Products	谷物 Cereal	小麦 Wheat	稻谷 Rice	玉米 Corn	豆类 Beans	大豆 Soybean
2018	I	98.7	102.7	104.7	101.8	101.2	106.9	98.6	98.3
	II	97.0	102.3	104.8	100.8	100.3	107.8	96.9	96.1
	III	100.3	100.5	98.2	97.3	96.1	102.4	96.2	95.9
	IV	100.3	101.7	99.8	102.7	96.4	103.3	101.0	100.3
2019	I	98.3	102.0	100.8	99.4	95.0	102.9	99.0	99.7
	II	109.1	103.3	99.4	100.1	93.4	101.9	104.1	103.6
	III	113.9	101.1	99.0	98.1	98.7	101.3	105.4	100.9
	IV	128.5	98.5	99.9	99.8	98.0	102.5	98.0	96.8
2020	I	139.0	101.9	99.4	94.8	96.4	100.3	101.7	100.9
	II	121.1	100.5	103.6	101.8	101.2	104.8	109.4	109.6
	III	114.8	102.8	102.1	98.8	102.3	108.5	103.9	104.4
	IV	101.9	107.9	109.9	102.9	106.0	117.3	116.0	117.1

2-4 续表

年 Year	季 Quarter	林业产品 Forestry Products	木材采伐产品 Products of Felling Wood	竹材采伐产品 Products of Felling Bamboo	胶脂和非直接食用果实类 Ruber, Resin and Nonedible Seeds	饲养动物及其产品 Raised Animals and Related Products	生猪 Hog	活牛 Live Cattle	活羊 Live Sheep	活家禽 Live Poultry
2018	I	99.2	101.7	99.2	91.9	93.4	83.3	106.4	114.3	110.0
	II	95.4	99.7	95.2	82.6	91.1	74.5	107.5	112.6	109.5
	III	99.3	101.8	105.2	83.6	100.0	91.2	104.0	118.1	108.2
	IV	101.3	105.6	100.5	91.9	98.6	93.7	102.2	111.9	103.7
2019	I	100.5	107.7	98.7	88.8	94.7	91.2	103.8	113.0	101.6
	II	100.0	101.0	103.4	98.7	118.1	128.1	102.8	108.4	105.4
	III	98.2	96.7	101.1	98.5	132.0	149.3	111.6	114.2	109.5
	IV	101.8	102.6	104.3	100.9	169.7	209.5	122.7	115.6	113.3
2020	I	96.2	97.3	100.7	88.1	188.6	233.2	117.5	110.7	97.7
	II	97.3	95.9	97.9	97.4	150.3	189.3	112.6	110.2	89.5
	III	97.0	94.3	99.6	102.4	132.4	159.0	108.9	110.3	94.3
	IV	101.7	99.7	99.4	113.9	96.7	97.7	105.3	109.7	90.6

Producer Price Indices of Agricultural Products by Quarter

(the same period of preceding year=100)

薯类 Potato	油料 Oil-bearing Crops	棉花 Cotton	糖料 Sugar Crops	烟叶 Tobacco	蔬菜 Vegetables	水果 Fruit	茶叶 Tea	年 Year	季 Quarter
97.3	95.0	92.1	101.7	95.9	103.6	102.4	101.8	2018	I
93.5	98.5	98.0	97.2	93.2	105.2	94.6	98.1		II
110.3	100.8			100.2	106.4	105.4	100.7		III
109.8	102.6	98.3	98.1	94.6	99.1	109.0	99.8		IV
107.4	101.0	101.4	97.0		102.5	106.2	103.6	2019	I
117.8	102.3	99.3	98.5	103.6	108.4	116.2	103.1		II
105.6	105.3			103.5	99.9	108.1	101.0		III
103.3	102.4	92.0	97.0	102.3	101.1	95.4	102.7		IV
105.4	108.1	92.3	101.7		109.4	94.0	96.6	2020	I
102.8	105.8	93.7	106.8	96.8	96.8	90.0	96.5		II
100.3	106.7			104.4	109.1	97.0	98.2		III
102.3	109.0	110.5	100.0	98.7	108.2	104.5	99.0		IV

continued

禽蛋 Poultry Eggs	奶类 Milk	毛绒类 Wool	渔业产品 Fishery Products	海水养殖产品 Marine Aquacultural Products	海水捕捞产品 Marine Fishing Products	淡水养殖产品 Freshwater Aquacultural Products	年 Year	季 Quarter
123.9	101.0	108.3	106.5	102.8	109.6	106.8	2018	I
127.4	100.0	112.1	101.4	102.6	101.6	100.8		II
118.6	100.8	125.2	100.9	100.1	103.4	100.1		III
106.1	102.4	108.5	101.0	100.8	101.2	101.1		IV
92.7	103.7	81.5	97.2	99.3	97.5	96.1	2019	I
101.8	104.9	93.2	100.4	97.4	100.8	101.6		II
103.2	105.8	85.4	101.2	98.5	102.6	101.8		III
109.5	106.7	97.7	99.7	95.0	103.5	100.1		IV
95.9	101.5	101.5	99.9	101.4	98.1	99.9	2020	I
85.9	99.7	99.0	96.5	86.7	99.9	100.4		II
83.3	102.1	115.9	101.3	94.9	103.0	103.5		III
81.8	103.7	104.5	101.4	98.1	101.9	102.5		IV

2-5 全国分品种农产品生产者价格指数
Producer Price Indices of Agricultural Products by Category

(上年=100) (preceding year=100)

农产品名称	Categories of agricultural products	2015	2016	2017	2018	2019	2020
总指数	**All**	**101.67**	**103.42**	**96.46**	**99.07**	**114.51**	**115.01**
一、农业产品	I. Crop Products	99.22	97.02	99.48	101.25	100.75	102.77
谷物	Cereal (Unprocessed food grains)	98.67	92.17	100.51	102.29	100.33	104.05
稻谷	Rice	101.57	98.80	100.70	99.74	96.46	100.81
早籼稻	Early long-grained nonglutinous rice	98.88	98.55	100.76	100.36	97.89	102.36
晚籼稻	Late long-grained nonglutinous rice	102.00	98.96	101.78	98.99	96.96	102.94
中籼稻	Medium long-grained nonglutinous rice	101.83	100.00	100.76	98.63	99.28	104.56
粳稻	Medium to short-grained nonglutinous rice	102.64	98.69	98.13	100.00	95.10	98.34
小麦	Wheat	99.23	94.08	104.38	100.09	100.05	100.53
硬质小麦	Hard-grained wheat	100.00	96.19	103.60	99.62	98.37	101.70
软质小麦	Soft-grained wheat	97.83	93.78	103.29	99.55	100.82	103.97
玉米	Maize (Corn)	96.46	86.76	97.13	105.07	102.01	107.64
白玉米	White maize	96.76	90.86	104.35	99.12	101.28	102.44
黄玉米	Yellow maize	96.44	86.47	96.63	105.49	102.02	108.00
薯类	Tubers	99.31	105.75	97.64	101.67	104.67	102.99
马铃薯	White potato	96.74	105.56	97.86	97.09	107.94	105.77
甘薯	Sweet potato	103.28	105.81	96.39	110.61	100.42	97.40
油料	Oil-bearing crops	100.84	101.05	100.53	99.09	105.19	107.89
花生	Peanut	101.95	101.74	99.72	96.02	106.25	110.50
油菜籽	Rapeseed	99.58	100.42	103.01	99.81	102.08	103.05
芝麻	Sesame	100.07	94.53	103.62	95.32	105.88	101.92
豆类	Beans	98.93	97.91	97.36	98.24	100.06	105.37
大豆	Soybean	99.03	97.56	97.65	97.93	100.05	105.53
绿豆	Mung bean	98.33	100.05	95.56	99.94	104.42	104.39
棉花(籽棉)	Cotton(Unginned cotton)	87.52	118.43	100.84	97.92	97.81	98.53
生麻	Fiber crops	105.11	100.04	100.25	103.06	109.79	94.24
生苎麻	Ramie	106.81	101.98	104.89	115.33	117.96	93.97
糖料	Sugar crops	98.75	106.54	106.33	98.83	97.70	103.11
甘蔗	Sugarcane	98.57	106.90	106.56	98.61	97.58	103.17
甜菜	Beet	102.00	100.00	101.17	102.78	97.96	102.04

2-5 续表 1 continued 1

农产品名称	Categories of agricultural products	2015	2016	2017	2018	2019	2020
未加工烟草	Tobacco	100.55	94.96	97.75	94.90	101.78	100.28
未去梗烤烟叶	Flue-cured tobacco	103.34	99.57	100.20	102.71	100.52	104.55
未去梗晒烟叶	Sun-cured tobacco	97.75	90.35	95.30	87.08	103.04	96.01
蔬菜及食用菌	Vegetables and edible mushrooms	103.65	105.97	95.81	103.39	100.46	104.54
蔬菜	Vegetables	104.55	106.96	95.64	103.63	101.24	105.22
叶菜类蔬菜	Leaf vegetables	105.54	106.92	96.15	104.95	101.59	103.68
芹菜	Celery	105.14	108.59	92.72	107.03	96.92	105.07
油菜	Cole	106.00	105.44	99.34	103.00	104.70	103.18
菠菜	Spinach	104.66	108.88	91.44	107.85	100.23	102.38
白菜类蔬菜	Cabbage vegetables	103.96	105.55	93.33	105.02	96.99	110.81
大白菜	Chinese cabbage	103.70	105.52	93.59	106.49	95.00	113.58
甘蓝类蔬菜	Wild cabbage vegetables	104.74	109.05	91.53	101.51	103.74	107.81
结球甘蓝	Wild cabbage	106.94	106.55	87.92	110.26	91.98	112.02
花椰菜	Cauliflower	104.36	109.48	92.15	100.00	105.77	107.08
根茎类蔬菜	Root and tuber vegetables	98.48	106.40	101.15	102.31	97.28	103.35
白萝卜	White radish	102.14	106.54	97.87	100.61	97.11	102.72
胡萝卜	Carrot	98.51	109.35	96.13	102.29	94.12	100.00
生姜	Ginger	87.50	75.83	107.80	102.00	108.19	126.21
瓜菜类蔬菜	Gourd vegetables	106.70	103.05	97.17	104.50	106.53	104.04
黄瓜	Cucumber	105.23	102.59	97.12	104.64	107.20	104.07
冬瓜	White gourd	111.98	104.27	97.54	103.17	105.41	104.74
豆类蔬菜	Garden beans	103.65	106.22	101.39	103.97	102.32	102.74
豇豆	Cowpea	105.66	106.82	99.63	105.44	101.75	103.55
四季豆	Kidney bean	102.38	108.97	102.54	101.75	103.83	102.48
茄果类蔬菜	Eggplants, tomato and chilies, etc.	102.35	102.74	96.18	102.86	101.97	105.80
茄子	Eggplant	102.56	103.27	92.97	108.22	102.62	103.49
青椒	Sweetbell	103.00	101.23	94.94	104.80	100.00	102.96
辣椒	Chili	103.47	100.95	98.53	104.70	97.10	99.61
西红柿	Tomato	101.56	103.53	98.14	97.49	103.98	110.84
莴苣及菊苣类蔬菜	Lettuce and chickory vegetables	105.00	108.51	96.60	102.67	101.74	102.60
生菜	Lettuce	107.54	109.73	93.59	103.99	102.60	99.72
莴笋	Asparagus lettuce	102.76	108.73	100.38	101.81	99.67	98.38

2-5 续表 2 continued 2

农产品名称	Categories of agricultural products	2015	2016	2017	2018	2019	2020
葱蒜类蔬菜	Onion and garlic vegetables	105.97	122.04	91.74	94.27	105.69	100.54
大葱	Scallion	100.90	127.39	91.94	105.56	92.83	107.22
大蒜	Garlic	108.71	121.54	87.38	87.52	112.83	94.98
水生蔬菜	Aquatic vegetables	103.99	105.25	96.11	101.60	94.53	100.69
莲藕	Lotus root	103.74	98.86	91.58	102.57	112.19	102.22
食用菌	Edible mushrooms	98.33	100.17	96.80	101.95	95.87	100.51
平菇	Oyster mushroom	101.01	100.64	100.46	103.97	101.40	102.32
金针菇	Needle mushroom	97.57	99.87	95.44	101.54	93.86	100.42
香菇	Shiitake Mushroom (Dried)	96.31	98.00	102.75	105.87	101.48	99.10
黑木耳	Black edible fungus (Dried)	100.86	102.82	98.69	99.04	94.27	99.34
花卉	Flowers	99.21	103.36	106.20	96.11	97.38	104.67
鲜切花及花蕾	Fresh flowers	99.21	103.36	106.20	96.11	97.38	104.67
康乃馨	Carnation	103.33	104.26	102.00	72.09	110.00	87.64
满天星	Gypsophila paniculata L.	119.87	115.05	156.09	114.73	98.22	94.12
勿忘我	Forget-me-not	100.00	99.55	100.00			
玫瑰	Rugosa rose	91.10	105.97	99.57	105.57	95.12	110.11
百合花	Lily	98.01	94.85	100.62	100.25	87.69	118.13
水果及坚果	Fruit and nuts	99.37	92.76	104.36	100.92	103.13	95.23
水果(园林水果)	Garden fruit	99.65	92.52	104.82	101.10	103.64	95.29
苹果	Apple fruit	94.07	84.34	110.32	105.60	108.02	88.76
红富士苹果	Fuji apple	93.10	83.54	110.71	106.26	109.46	89.46
国光苹果	Ralls apple	81.46	120.53	98.01	108.06	100.74	96.00
梨	Pear fruit	100.52	81.01	110.52	108.38	102.26	103.70
雪花梨	Snowflake pear	93.14	100.00	107.86	92.78	110.97	111.40
鸭梨	Ya-pear	107.28	80.34	108.65	112.99	93.15	112.95
柑橘类水果	Citrus fruit	106.64	91.63	108.73	96.04	104.74	88.32
柑橘	Mandarin orange	105.84	89.05	108.46	96.36	105.23	85.96
橙	Orange	105.42	101.87	116.58	95.45	104.20	93.61
葡萄	Grape fruit	99.58	101.81	101.88	92.56	104.68	101.43
巨峰葡萄	Kyoho grape	99.58	101.81	101.88	92.56	104.68	101.43

2-5 续表 3 continued 3

农产品名称	Categories of agricultural products	2015	2016	2017	2018	2019	2020
热带水果	Tropical and subtropics area fruit	89.72	110.04	90.47	107.53	138.25	91.17
香蕉	Banana	74.85	99.27	83.83	133.47	97.12	89.63
瓜类水果	Melon fruit	104.46	93.83	106.93	94.07	94.00	98.93
西瓜	Watermelon	104.46	93.83	106.93	94.07	94.00	98.93
食用坚果	Nuts	92.62	98.43	93.29	96.71	90.98	93.85
核桃	Walnut	90.49	95.41	88.04	94.78	86.20	92.80
栗子	Chestnut	96.04	101.33	102.71	100.71	101.14	95.43
茶及饮料原料	Tea and other beverages	98.66	99.37	102.26	100.41	102.74	97.51
茶叶	Tea	98.66	99.37	102.26	100.41	102.74	97.39
红茶	Black tea	97.52	101.05	104.96	103.98	100.63	98.52
绿茶	Green tea	98.54	98.83	102.17	99.89	103.09	96.88
清茶	Light tea	99.92	101.98	101.55	102.07	101.50	100.10
香料原料	Perfume crops	117.17	113.28	92.28	113.04	110.13	94.36
花椒	Chinese prickly ash	120.97	101.05	96.19	100.59	102.80	79.64
八椒	Anise	101.98	161.34	76.94	165.68	138.92	152.22
中草药材	Chinese medicinal materials	98.15	104.68	102.47	105.13	102.81	93.67
人参	Ginseng	105.77	92.38	104.73	103.64	90.15	88.30
二、林业产品	II.Forestry Products	97.88	96.11	104.86	98.90	100.10	100.66
木材采伐产品	Products of felling wood	101.16	93.61	104.74	102.72	102.94	99.11
原木	Log	101.16	93.61	104.74	102.72	102.94	99.11
红松原木	Korean pine	98.70	96.39	100.01	105.88	104.89	92.90
马尾松原木	Masson pine	97.48	98.27	98.04	100.25	101.60	96.36
云南松原木	Yunnan pine	98.64	96.92	107.75	102.50	102.33	92.30
竹材采伐产品	Products of felling bamboo	97.31	96.30	98.21	99.48	101.53	99.44
竹材	Bamboo wood	97.31	96.30	98.21	99.48	101.53	99.44
毛竹	Mao bamboo	97.52	94.35	96.29	98.76	100.92	96.71
撑蒿竹	Bambusa pervariabilis	97.09	98.25	101.20	100.21	102.15	101.20
胶脂和非直接食用果实类	Ruber, resin and nonedible seeds	86.85	98.01	117.57	88.90	92.44	107.19
天然橡胶	Natural rubber	87.30	98.68	118.57	86.22	93.14	108.81
天然橡胶乳	Latex rubber	86.84	98.40	118.27	86.46	93.41	109.33

2-5 续表 4 continued 4

农产品名称	Categories of agricultural products	2015	2016	2017	2018	2019	2020
天然树脂、树胶	Natural resin and gum	85.60	91.87	109.79	105.51	84.79	99.01
天然松脂	Rosin	91.49	91.87	109.79	105.51	88.22	92.76
非直接食用果类	Not directly consumed products of forest	97.87	104.49	116.81	105.36	103.23	101.55
油桐籽	Seed of tung oil tree	97.87	104.49	116.81	105.36	103.23	101.55
三、饲养动物及其产品	III.Raised Animals and Related Products	104.23	110.37	90.82	95.58	133.47	132.38
活牲畜	Livestock raising	106.48	115.44	89.07	89.71	144.17	147.99
生猪	Hog	108.85	119.39	86.02	85.62	150.52	155.73
活牛	Live cattle	99.08	98.73	98.77	104.93	112.49	110.51
活羊	Live sheep	89.40	93.58	107.14	114.68	114.30	110.37
活家禽	Live poultry	101.27	99.60	96.70	107.71	107.81	92.90
活鸡	Live chicken	99.38	100.12	96.79	108.16	107.90	93.33
活鸭	Live duck	104.34	98.52	97.99	106.25	107.20	91.69
活鹅	Live goose	104.64	98.97	94.58	107.92	108.28	92.81
畜禽产品	Livestock and poultry products	95.82	94.73	94.42	113.98	102.85	89.39
生奶	Milk	92.22	96.15	100.00	101.29	105.64	101.51
禽蛋	Poultry eggs	96.85	94.33	92.82	117.61	102.05	85.92
鸡蛋	Hen's egg	95.78	94.82	90.57	116.70	104.28	85.11
鸭蛋	Duck's egg	99.44	93.13	98.29	119.83	96.64	87.89
动物毛类	Hair and down products	98.10	91.74	109.89	116.90	85.72	105.50
绵羊毛	Sheep's wool	99.08	89.97	113.32	113.83	73.27	110.13
山羊毛	Goat's wool	97.05	98.30	102.30	127.60	102.00	98.09
兔毛	Rabbit hair	96.22	90.50	90.40	115.40	81.80	96.60
四、渔业产品	IV.Fishery Products	102.45	103.40	104.95	102.57	99.35	100.16
海水养殖产品	Marine aquacultural products	101.00	104.15	107.85	101.41	97.19	96.26
海水养殖鱼	Marine aquacultural fish	97.97	99.28	108.16	102.28	97.63	90.99
海水养殖鲈鱼	Perch	95.25	103.14	106.49	103.95	93.31	87.51
海水养殖石斑鱼	Grouper	89.75	92.19	116.89	105.32	95.63	89.76
海水养殖大黄鱼	Large yellow croaker	108.92	102.52	101.10	97.57	103.96	95.71
海水养殖虾	Marine aquacultural shrimps	107.99	101.08	106.30	102.23	97.03	99.09
海水养殖中国对虾	Chinese prawn	107.99	101.08	106.30	102.23	97.03	99.09
海水养殖蟹	Marine aquacultural crabs	108.33	121.49	108.06	107.04	96.52	93.59
海水养殖梭子蟹	Swimming crab	108.33	121.49	108.06	107.04	96.52	93.59

2-5 续表 5 continued 5

农产品名称	Categories of agricultural products	2015	2016	2017	2018	2019	2020
海水养殖贝类	Marine aquacultural shellfish	103.87	106.76	105.36	101.53	95.54	112.20
海水养殖牡蛎	Oyster	102.74	106.58	109.51	102.98	99.14	97.31
海水养殖扇贝	Scallop	105.01	106.94	101.20	88.89	91.93	127.16
海水养殖藻类	Marine aquacultural seaweeds	88.23	106.98	114.72	93.26	99.60	100.83
海水养殖海带	Kelp	80.98	109.06	119.21	91.97	99.58	100.00
海水养殖紫菜	Laver	102.72	102.81	105.72	95.84	99.63	102.50
海水捕捞产品	Marine fishing products	105.97	106.18	103.15	104.74	100.64	99.63
海水捕捞鲜鱼	Marine fishing fish	103.78	104.65	101.15	101.51	102.73	99.06
大黄鱼	Large yellow croaker	103.13	102.03	80.78	95.34	103.66	94.45
小黄鱼	Small yellow croaker	105.41	104.38	99.82	108.48	104.52	102.84
带鱼	Hairtail	102.79	107.53	101.51	100.72	100.00	99.88
海水捕捞虾	Marine fishing shrimps	108.34	104.94	107.92	108.59	98.89	96.04
中国对虾	Chinese prawn	107.58	100.55	101.19	112.54	94.11	88.74
海水捕捞蟹	Marine fishing crabs	107.82	107.89	104.67	103.28	103.72	105.95
梭子蟹	Swimming crab	107.82	107.89	104.67	103.28	103.72	105.95
海水捕捞贝类	Marine fishing shellfish	113.56	110.66	102.04	110.11	91.04	106.88
蛤	Clam	113.56	110.66	102.04	110.11	91.04	106.88
海水捕捞软体水生动物	Marine fishing aquatic animals	102.59	112.90	107.30	108.66	99.91	100.68
鱿鱼	Squid	102.59	112.90	107.30	108.66	99.91	100.68
淡水养殖产品	Freshwater aquacultural products	102.05	101.99	102.39	102.22	99.76	102.03
养殖淡水鱼	Freshwater aquacultural fish	101.45	101.03	102.48	100.81	100.10	103.29
养殖淡水鲤鱼	Carp	104.99	98.43	98.96	102.59	100.65	100.46
养殖淡水草鱼	Grass carp	101.00	103.03	105.52	99.00	98.98	104.30
养殖淡水鲢鱼	Silver carp	100.25	99.87	100.95	101.86	100.86	103.93
淡水养殖虾	Freshwater aquacultural shrimps	105.51	101.69	100.86	102.26	102.87	94.30
淡水养殖罗氏沼虾	M. Rosenbergii	106.02	103.10	104.39	100.43	101.69	90.32
淡水养殖青虾	Freshwater shrimp	104.99	100.28	97.33	104.10	104.06	98.28
淡水养殖蟹	Freshwater aquacultural crabs	99.11	107.88	104.52	110.04	92.63	99.40
淡水养殖活河蟹	Live river crab	99.11	107.88	104.52	110.04	92.63	99.40

2-6 全国农产品生产者价格指数(第一季度)
Producer Price Indices of Agricultural Products in the First Quarter

(上年同期=100) (the same period of preceding year=100)

农产品名称	Categories of agricultural products	2015	2016	2017	2018	2019	2020
总指数	**All**	**99.25**	**106.73**	**97.78**	**98.72**	**98.33**	**139.00**
一、农业产品	I. Crop Products	100.36	95.79	97.22	102.67	102.01	101.87
谷物	Cereal (Unprocessed food grains)	101.81	90.39	94.30	104.68	100.79	99.39
稻谷	Rice	102.36	99.37	100.50	101.18	95.01	96.42
早籼稻	Early long-grained nonglutinous rice	96.71	100.35	99.60	104.76	99.63	100.94
晚籼稻	Late long-grained nonglutinous rice	103.79	97.73	102.44		95.83	99.66
中籼稻	Medium long-grained nonglutinous rice	104.43	100.75	99.64	103.51	96.90	102.97
粳稻	Medium to short-grained nonglutinous rice	101.95	100.00	99.67	101.28	94.06	93.88
小麦	Wheat	103.70	93.81	103.71	101.76	99.44	94.80
硬质小麦	Hard-grained wheat	104.26	95.40	104.66	102.50	100.00	97.81
软质小麦	Soft-grained wheat	98.70	94.74	102.33	105.38	96.51	101.57
玉米	Maize (Corn)	101.29	85.35	80.14	106.93	102.87	100.29
白玉米	White maize	99.11	102.78	101.76	83.82	115.96	90.39
黄玉米	Yellow maize	101.44	84.13	70.33	108.54	102.72	100.30
薯类	Tubers	98.53	105.87	105.00	97.34	107.37	105.42
马铃薯	White potato	94.26	109.42	98.76	86.73	111.65	112.15
甘薯	Sweet potato	102.96	103.27	110.33	106.93	100.84	100.47
油料	Oil-bearing crops	103.37	97.71	99.89	95.02	101.01	108.07
花生	Peanut	105.98	96.87	100.86	93.63	99.85	113.27
油菜籽	Rapeseed	102.44	99.19	97.06	101.16	101.55	99.05
芝麻	Sesame	107.70	92.88	109.48	93.19	100.31	108.42
豆类	Beans	101.50	96.62	97.77	98.63	99.05	101.69
大豆	Soybean	100.76	96.98	97.71	98.34	99.72	100.86
绿豆	Mung bean	106.83	94.07	98.21	100.75	94.19	107.68
棉花(籽棉)	Cotton(Unginned cotton)	77.78	93.21	116.17	92.14	101.44	92.33
生麻	Fiber crops	110.21	97.01	99.06	109.40	104.32	109.95
生苎麻	Ramie	110.21	97.01	99.06	109.40	104.32	109.95
糖料	Sugar crops	97.54	101.65	105.08	101.72	97.01	101.69
甘蔗	Sugarcane	97.38	101.75	105.26	101.64	96.83	101.56
甜菜	Beet	100.00	100.00	102.13	103.03	100.00	103.85

2-6 续表 1 continued 1

农产品名称 Categories of agricultural products		2015	2016	2017	2018	2019	2020
未加工烟草	Tobacco	100.30	97.17	106.95	95.91		
未去梗烤烟叶	Flue-cured tobacco	102.78	100.00	100.00	108.28		
未去梗晒烟叶	Sun-cured tobacco	97.77	94.30	113.90	83.33		
蔬菜及食用菌	Vegetables and edible mushrooms	101.74	115.38	89.40	104.17	101.97	109.38
蔬菜	Vegetables	102.97	116.63	88.39	103.64	102.50	109.38
叶菜类蔬菜	Leaf vegetables	103.83	115.75	87.42	106.59	103.75	100.03
芹菜	Celery	101.89	116.22	83.74	103.28	102.16	99.72
油菜	Cole	104.23	115.01	91.41	106.35	106.43	99.72
菠菜	Spinach	106.87	117.63	80.13	115.53	96.71	102.01
白菜类蔬菜	Cabbage vegetables	102.34	121.22	83.88	97.89	98.56	113.54
大白菜	Chinese cabbage	101.71	122.86	86.56	95.30	96.55	117.53
甘蓝类蔬菜	Wild cabbage vegetables	100.50	109.30	83.54	105.73	95.51	107.30
结球甘蓝	Wild cabbage	103.37	114.78	77.29	103.35	97.27	111.37
花椰菜	Cauliflower	100.00	108.36	84.62	106.14	95.21	106.60
根茎类蔬菜	Root and tuber vegetables	100.12	107.84	101.40	102.11	95.95	105.10
白萝卜	White radish	99.31	111.03	98.24	104.09	98.28	103.17
胡萝卜	Carrot	94.67	116.90	95.51	97.77	97.18	101.44
生姜	Ginger	100.88	72.70	92.28	99.80	97.22	120.61
瓜菜类蔬菜	Gourd vegetables	107.19	115.41	90.57	108.25	113.49	106.75
黄瓜	Cucumber	104.69	113.70	87.30	107.18	115.59	107.97
冬瓜	White gourd	115.79	120.39	99.58	110.31	108.64	104.90
豆类蔬菜	Garden beans	105.80	117.13	97.30	105.03	101.92	104.01
豇豆	Cowpea	110.78	118.04	93.15	109.55	100.73	105.88
四季豆	Kidney bean	99.49	121.90	97.90	99.13	105.72	102.90
茄果类蔬菜	Eggplants, tomato and chilies, etc.	99.03	111.08	93.67	94.54	110.19	106.85
茄子	Eggplant	103.14	113.40	87.36	108.06	109.17	101.22
青椒	Sweetbell	100.18	100.00	93.71	107.89	100.39	99.27
辣椒	Chili	101.06	101.92	98.27	111.32	89.88	93.93
西红柿	Tomato	94.78	116.63	96.69	73.38	122.03	118.59
莴苣及菊苣类蔬菜	Lettuce and chickory vegetables	103.76	116.18	84.74	108.42	102.08	109.53
生菜	Lettuce	104.27	123.06	80.85	111.87	105.96	94.40
莴笋	Asparagus lettuce	104.05	111.62	83.28	104.15	95.26	110.56

2-6 续表 2 continued 2

农产品名称	Categories of agricultural products	2015	2016	2017	2018	2019	2020
葱蒜类蔬菜	Onion and garlic vegetables	100.64	142.17	90.01	100.12	102.67	106.27
大葱	Scallion	85.10	176.92	78.35	109.57	94.54	96.98
大蒜	Garlic	107.44	131.17	94.36	93.71	110.31	107.97
水生蔬菜	Aquatic vegetables	101.46	91.78	94.39	96.19	72.10	107.92
莲藕	Lotus root	103.89	99.64	90.61	95.58	107.59	111.31
食用菌	Edible mushrooms	94.33	107.87	95.48	107.35	98.78	101.89
平菇	Oyster mushroom	102.40	100.00	99.48	106.70	99.18	107.03
金针菇	Needle mushroom	90.05	111.39	91.92	107.57	98.99	102.78
香菇	Shiitake Mushroom (Dried)	102.52	91.61	102.88	107.17	101.33	97.19
黑木耳	Black edible fungus (Dried)	101.22	103.57	95.55	104.25	85.04	101.38
花卉	Flowers	88.36	107.16	104.03	104.32	95.78	102.11
鲜切花及花蕾	Fresh flowers	88.36	107.16	104.03	104.32	95.78	102.11
康乃馨	Carnation	70.83	120.31	103.85	97.83	110.26	66.04
满天星	Gypsophila paniculata L.	100.20	150.00	115.35	125.00	100.00	91.74
勿忘我	Forget-me-not		98.83	100.00			
玫瑰	Rugosa rose	84.98	105.70	105.11	104.64	90.93	120.52
百合花	Lily	106.97	83.77	99.03	103.54	88.49	109.86
水果及坚果	Fruit and nuts	108.32	80.48	109.11	102.31	105.91	93.93
水果(园林水果)	Garden fruit	108.46	80.18	109.35	102.44	106.23	93.98
苹果	Apple fruit	107.47	66.52	106.52	102.27	137.53	77.96
红富士苹果	Fuji apple	106.11	64.91	106.52	102.14	137.53	77.96
国光苹果	Ralls apple				111.00		
梨	Pear fruit	99.05	66.50	113.12	98.01	154.98	81.21
雪花梨	Snowflake pear	100.00		113.86	85.15	179.78	81.82
鸭梨	Ya-pear	111.85	65.49	107.17	104.22	104.00	96.15
柑橘类水果	Citrus fruit	112.03	87.87	114.73	102.36	87.64	102.66
柑橘	Mandarin orange	111.85	87.85	115.74	102.11	85.11	102.67
橙	Orange	116.63	89.22	126.44	106.00	98.63	100.72
葡萄	Grape fruit	102.13	99.56		100.00	94.56	
巨峰葡萄	Kyoho grape	102.13	99.56		100.00	94.56	

2-6 续表 3 continued 3

农产品名称 Categories of agricultural products		2015	2016	2017	2018	2019	2020
热带水果	Tropical and subtropics area fruit	104.00	75.45	80.95	133.69	105.80	99.57
香蕉	Banana	103.48	69.85	81.05	133.77	108.10	96.03
瓜类水果	Melon fruit	109.06	82.04	111.11	75.54	86.27	94.51
西瓜	Watermelon	109.06	82.04	111.11	75.54	86.27	94.51
食用坚果	Nuts	98.31	102.04	91.80	93.05	82.51	90.59
核桃	Walnut	97.09	100.47	88.95	93.01	80.58	89.24
栗子	Chestnut	112.08	82.49	119.52	93.89	104.29	110.65
茶及饮料原料	Tea and other beverages	99.98	98.62	100.67	101.81	103.62	97.30
茶叶	Tea	99.98	98.62	100.67	101.81	103.62	96.56
红茶	Black tea	102.15	97.62	105.56	105.65	100.00	103.81
绿茶	Green tea	100.21	98.47	100.16	100.85	104.32	95.39
清茶	Light tea	97.75	99.90	101.58	105.74	101.13	100.25
香料原料	Perfume crops	124.36	95.32	102.05	102.04	103.76	95.98
花椒	Chinese prickly ash	124.36	96.92	102.05	102.04	103.76	95.98
八椒	Anise		92.31				
中草药材	Chinese medicinal materials	101.28	94.77	105.45	110.41	88.06	97.61
人参	Ginseng	106.24	90.46	100.00		75.00	
二、林业产品	II.Forestry Products	97.55	94.45	108.22	99.21	100.46	96.15
木材采伐产品	Products of felling wood	101.58	95.09	103.52	101.68	107.73	97.32
原木	Log	101.58	95.09	103.52	101.68	107.73	97.32
红松原木	Korean pine	101.67	89.66				100.00
马尾松原木	Masson pine	98.78	96.49	94.27	99.67	99.64	96.75
云南松原木	Yunnan pine	100.03	97.07	112.57	101.92	115.78	94.83
竹材采伐产品	Products of felling bamboo	95.71	94.81	96.68	99.19	98.72	100.73
竹材	Bamboo wood	95.71	94.81	96.68	99.19	98.72	100.73
毛竹	Mao bamboo	99.18	93.70	93.15	96.19	99.62	100.64
撑蒿竹	Bambusa pervariabilis	92.22	95.92	100.22	102.20	97.82	100.82
胶脂和非直接食用果实类	Ruber, resin and nonedible seeds	89.01	95.20	115.53	91.87	88.84	88.14
天然橡胶	Natural rubber	87.72	93.99	139.69	90.81	85.56	120.79
天然橡胶乳	Latex rubber	87.72	93.99	139.69	90.81	85.56	120.79

2-6 续表 4 continued 4

农产品名称 Categories of agricultural products		2015	2016	2017	2018	2019	2020
天然树脂、树胶	Natural resin and gum	88.89		110.45		100.14	66.29
天然松脂	Rosin	93.47		110.45		100.14	66.29
非直接食用果类	Not directly consumed products of forest	100.00	104.24	123.77	99.81	113.29	
油桐籽	Seed of tung oil tree	100.00	104.24	123.77	99.81	113.29	
三、饲养动物及其产品	III.Raised Animals and Related Products	97.57	119.62	96.47	93.35	94.75	188.55
活牲畜	Livestock raising	96.30	126.30	98.32	87.18	93.61	215.86
生猪	Hog	96.42	131.95	98.09	83.28	91.16	233.20
活牛	Live cattle	99.84	98.47	99.51	106.40	103.81	117.54
活羊	Live sheep	90.39	86.94	99.78	114.33	112.99	110.71
活家禽	Live poultry	103.21	100.70	93.02	109.95	101.59	97.69
活鸡	Live chicken	103.46	100.36	92.52	110.36	101.85	98.04
活鸭	Live duck	102.35	98.44	94.12	109.43	101.29	98.39
活鹅	Live goose	103.30	106.22	93.83	108.65	100.72	94.71
畜禽产品	Livestock and poultry products	100.44	94.14	87.74	117.78	95.59	97.36
生奶	Milk	90.25	95.40	102.34	101.01	103.67	101.52
禽蛋	Poultry eggs	104.12	93.69	82.46	123.85	92.67	95.85
鸡蛋	Hen's egg	104.51	92.87	80.12	126.43	91.92	96.46
鸭蛋	Duck's egg	102.38	97.34	92.93	112.27	96.03	93.12
动物毛类	Hair and down products	106.94	97.54	108.12	108.26	81.54	101.48
绵羊毛	Sheep's wool	109.09	100.00	115.80	108.37	75.00	
山羊毛	Goat's wool		97.00		100.00	100.00	107.15
兔毛	Rabbit hair	100.47	90.70	85.10	116.20	82.70	90.10
四、渔业产品	IV.Fishery Products	103.04	100.30	104.05	106.48	97.17	99.86
海水养殖产品	Marine aquacultural products	99.01	102.49	111.96	102.80	99.30	101.37
海水养殖鱼	Marine aquacultural fish	100.65	99.51	110.91	100.86	102.02	102.63
海水养殖鲈鱼	Perch	97.61	103.55	106.03	101.60	112.33	113.03
海水养殖石斑鱼	Grouper	91.55	91.08	119.01	108.82	93.42	101.13
海水养殖大黄鱼	Large yellow croaker	112.83	103.92	107.69	92.15	100.31	93.70
海水养殖虾	Marine aquacultural shrimps	110.03	104.23	103.05	107.93	99.24	94.66
海水养殖中国对虾	Chinese prawn	110.03	104.23	103.05	107.93	99.24	94.66
海水养殖蟹	Marine aquacultural crabs	100.05	141.52	112.19	113.06	100.53	97.50
海水养殖梭子蟹	Swimming crab	100.05	141.52	112.19	113.06	100.53	97.50

2-6 续表 5 continued 5

农产品名称	Categories of agricultural products	2015	2016	2017	2018	2019	2020
海水养殖贝类	Marine aquacultural shellfish	97.06	98.44	108.73	106.18	91.94	98.96
海水养殖牡蛎	Oyster	99.83	106.83	108.73	106.18	100.12	98.96
海水养殖扇贝	Scallop	94.27	90.00			83.71	
海水养殖藻类	Marine aquacultural seaweeds	76.95	111.83	145.67	99.56	91.51	102.59
海水养殖海带	Kelp	62.79	114.09	140.56	102.46	84.83	97.69
海水养殖紫菜	Laver	104.33	107.47	155.54	93.95	104.42	112.05
海水捕捞产品	Marine fishing products	108.64	105.48	100.92	109.55	97.54	98.12
海水捕捞鲜鱼	Marine fishing fish	104.42	108.11	94.95	102.32	104.06	99.56
大黄鱼	Large yellow croaker	105.68	108.17	77.08	91.33	98.11	
小黄鱼	Small yellow croaker	106.39	108.66	101.72	112.85	113.13	100.64
带鱼	Hairtail	101.18	107.49	106.05	102.79	100.94	98.48
海水捕捞虾	Marine fishing shrimps	117.72	98.15	110.06	120.27	88.34	94.70
中国对虾	Chinese prawn	115.1	89.81	101.40	128.30	81.19	84.92
海水捕捞蟹	Marine fishing crabs	109.23	113.65	106.01	102.33	105.29	97.72
梭子蟹	Swimming crab	109.23	113.65	106.01	102.33	105.29	97.72
海水捕捞贝类	Marine fishing shellfish	109.42	106.71	100.00		78.56	99.35
蛤	Clam	109.42	106.71	100.00		78.56	99.35
海水捕捞软体水生动物	Marine fishing aquatic animals	105.44	102.28	105.17	127.96	97.26	98.88
鱿鱼	Squid	105.44	102.28	105.17	127.96	97.26	98.88
淡水养殖产品	Freshwater aquacultural products	102.32	98.46	101.91	106.84	96.11	99.90
养殖淡水鱼	Freshwater aquacultural fish	101.74	98.17	100.64	105.49	97.39	102.00
养殖淡水鲤鱼	Carp	104.49	101.23	94.63	106.49	98.56	99.13
养殖淡水草鱼	Grass carp	103.88	97.81	103.09	105.99	94.90	101.76
养殖淡水鲢鱼	Silver carp	97.13	97.16	100.82	104.45	99.87	104.43
淡水养殖虾	Freshwater aquacultural shrimps	111.78	100.64	100.69	106.97	101.21	94.29
淡水养殖罗氏沼虾	M. Rosenbergii	112.31	100.97	104.94	105.22	98.30	99.09
淡水养殖青虾	Freshwater shrimp	111.24	100.31	96.42	108.72	104.14	89.59
淡水养殖蟹	Freshwater aquacultural crabs	91.85	96.84	111.11	114.66	81.36	95.18
淡水养殖活河蟹	Live river crab	91.85	96.84	111.11	114.66	81.36	95.18

2-7 全国农产品生产者价格指数(第二季度)
Producer Price Indices of Agricultural Products in the Second Quarter

(上年同期=100) (the same period of preceding year=100)

农产品名称	Categories of agricultural products	2015	2016	2017	2018	2019	2020
总指数	**All**	**101.46**	**107.70**	**93.62**	**97.00**	**109.13**	**121.14**
一、农业产品	I. Crop Products	100.51	95.47	98.23	102.31	103.32	100.46
谷物	Cereal (Unprocessed food grains)	101.57	89.03	99.17	104.82	99.38	103.64
稻谷	Rice	102.62	98.10	99.28	100.84	93.43	101.22
早籼稻	Early long-grained nonglutinous rice	98.59	98.88	99.64	102.14	97.43	101.71
晚籼稻	Late long-grained nonglutinous rice	102.32	97.51	102.14		96.82	103.12
中籼稻	Medium long-grained nonglutinous rice	102.84	97.84	102.35	98.34	100.00	103.89
粳稻	Medium to short-grained nonglutinous rice	103.23	98.41	97.10	101.50	90.13	99.68
小麦	Wheat	101.36	91.37	105.54	100.26	100.09	101.84
硬质小麦	Hard-grained wheat	100.41	94.42	102.47	100.40	97.42	100.44
软质小麦	Soft-grained wheat	100.44	93.39	107.43	98.61	105.04	100.00
玉米	Maize (Corn)	101.31	84.68	97.35	107.82	101.91	104.81
白玉米	White maize	100.45	94.98	105.77	107.83	100.85	100.00
黄玉米	Yellow maize	101.37	83.96	96.76	107.82	101.98	105.15
薯类	Tubers	93.91	119.86	88.63	93.53	117.76	102.83
马铃薯	White potato	90.22	121.67	86.27	89.82	120.98	103.96
甘薯	Sweet potato	104.85	114.53	97.44	105.69	105.38	98.79
油料	Oil-bearing crops	100.25	99.90	100.24	98.53	102.30	105.83
花生	Peanut	100.44	102.72	98.36	93.30	104.89	111.10
油菜籽	Rapeseed	100.00	98.00	103.74	102.88	100.00	102.66
芝麻	Sesame	102.23	93.78	96.58	91.42	118.87	103.00
豆类	Beans	101.62	98.76	99.53	96.93	104.13	109.43
大豆	Soybean	102.24	98.78	98.78	96.08	103.59	109.62
绿豆	Mung bean	96.48	98.59	105.78	103.95	108.64	98.00
棉花	Cotton	85.90	87.38	104.93	98.05	99.26	93.65
棉花(籽棉)	Cotton(Unginned cotton)	85.90	87.38	104.93	98.05	99.26	93.65
生麻	Fiber crops	108.51	105.50	105.95	113.35	105.82	96.32
生苎麻	Ramie	108.51	105.50	105.95	113.35	105.82	96.32
糖料	Sugar crops	94.52	101.67	107.69	97.18	98.51	106.76
甘蔗	Sugarcane	94.52	101.67	107.69	97.18	98.51	106.76
甜菜	Beet						

2-7 续表 1 continued 1

农产品名称	Categories of agricultural products	2015	2016	2017	2018	2019	2020
未加工烟草	Tobacco	99.30	89.45	92.91	93.18	103.61	96.76
未去梗烤烟叶	Flue-cured tobacco	102.84	100.00	100.00	101.36	107.22	97.60
未去梗晒烟叶	Sun-cured tobacco	95.75	78.90	85.83	85.00	100.00	95.92
蔬菜及食用菌	Vegetables and edible mushrooms	103.54	104.17	88.63	104.67	108.17	96.79
蔬菜	Vegetables	103.75	104.67	87.76	105.21	108.40	96.79
叶菜类蔬菜	Leaf vegetables	103.47	104.85	88.04	105.75	107.82	98.58
芹菜	Celery	104.81	103.68	84.64	112.86	109.14	95.60
油菜	Cole	103.08	105.30	90.34	101.41	107.69	99.72
菠菜	Spinach	101.82	105.86	86.90	106.23	105.14	101.17
白菜类蔬菜	Cabbage vegetables	104.82	98.67	87.10	107.77	107.81	97.04
大白菜	Chinese cabbage	103.09	97.65	89.22	109.62	107.10	99.40
甘蓝类蔬菜	Wild cabbage vegetables	109.40	102.34	73.36	113.53	101.72	93.63
结球甘蓝	Wild cabbage	111.43	97.56	83.21	122.38	100.00	96.65
花椰菜	Cauliflower	109.05	103.16	71.67	112.01	102.02	93.11
根茎类蔬菜	Root and tuber vegetables	96.51	112.56	91.78	101.88	107.29	98.20
白萝卜	White radish	101.49	108.50	89.89	98.33	106.88	91.01
胡萝卜	Carrot	89.08	120.55	77.69	98.55	99.36	102.08
生姜	Ginger	88.19	72.41	107.71	112.59	112.19	128.26
瓜菜类蔬菜	Gourd vegetables	104.43	99.06	98.00	98.90	110.27	99.90
黄瓜	Cucumber	102.60	97.30	99.21	98.15	107.85	100.67
冬瓜	White gourd	110.29	103.27	95.81	98.20	118.90	97.97
豆类蔬菜	Garden beans	102.32	97.21	101.49	102.89	110.56	99.53
豇豆	Cowpea	102.12	95.95	100.90	103.02	108.48	99.16
四季豆	Kidney bean	103.51	101.36	100.70	102.67	110.69	99.26
茄果类蔬菜	Eggplants, tomato and chilies, etc.	100.95	100.36	94.07	103.09	116.72	95.08
茄子	Eggplant	100.58	98.15	94.39	111.42	108.24	98.73
青椒	Sweetbell	104.09	101.70	91.84	104.63	122.56	90.10
辣椒	Chili	106.98	99.31	88.32	103.31	128.41	86.87
西红柿	Tomato	97.90	101.95	96.74	96.24	116.67	97.14
莴苣及菊苣类蔬菜	Lettuce and chickory vegetables	105.70	107.16	82.75	111.09	103.35	93.63
生菜	Lettuce	105.51	105.86	91.30	109.01	103.55	96.83
莴笋	Asparagus lettuce	106.09	108.48	83.96	104.63	106.99	86.49

2-7 续表 2 continued 2

农产品名称	Categories of agricultural products	2015	2016	2017	2018	2019	2020
葱蒜类蔬菜	Onion and garlic vegetables	101.68	124.66	82.17	89.73	123.73	88.14
大葱	Scallion	93.84	142.96	74.25	98.83	118.12	88.24
大蒜	Garlic	106.63	118.97	82.78	86.42	124.59	87.05
水生蔬菜	Aquatic vegetables	106.39	127.22	91.83	94.18	105.35	97.67
莲藕	Lotus root	111.57	97.55	95.89	99.11	123.82	100.20
食用菌	Edible mushrooms	100.41	96.36	102.15	96.34	104.64	96.71
平菇	Oyster mushroom	101.81	95.33	94.05	102.80	100.87	104.15
金针菇	Needle mushroom	100.72	97.13	101.22	94.69	106.41	94.28
香菇	Shiitake Mushroom (Dried)	97.72	94.19	104.70	106.26	102.78	98.50
黑木耳	Black edible fungus (Dried)	102.13	104.13	94.91	90.78	100.90	100.26
花卉	Flowers	94.66	105.70	106.69	94.01	99.00	93.61
鲜切花及花蕾	Fresh flowers	94.66	105.70	106.69	94.01	99.00	93.61
康乃馨	Carnation	111.29	100.00	108.11	43.64	150.00	95.65
满天星	Gypsophila paniculata L.	100.00	122.49	133.33	125.00	97.99	97.60
勿忘我	Forget-me-not		100.00				
玫瑰	Rugosa rose	92.23	108.13	104.50	106.21	94.70	97.72
百合花	Lily	84.89	102.79	102.90	105.94	68.30	85.16
水果及坚果	Fruit and nuts	92.10	95.74	111.20	94.65	116.02	90.06
水果(园林水果)	Garden fruit	92.07	95.76	111.30	94.62	116.15	90.01
苹果	Apple fruit	89.95	76.40	113.17	93.60	118.52	90.98
红富士苹果	Fuji apple	89.95	76.40	113.17	93.60	118.52	90.98
国光苹果	Ralls apple						
梨	Pear fruit	94.57	60.08	168.68	60.29	168.37	72.10
雪花梨	Snowflake pear		98.77	105.91	65.12	168.37	
鸭梨	Ya-pear	125.00					95.24
柑橘类水果	Citrus fruit	109.30	62.08	134.03	86.10	102.97	80.11
柑橘	Mandarin orange	110.12	59.76	135.03	86.08	102.00	79.22
橙	Orange	98.22	93.00	120.67	86.37	115.95	92.02
葡萄	Grape fruit	97.81	110.24	127.23	91.13	108.30	107.74
巨峰葡萄	Kyoho grape	97.81	110.24	127.23	91.13	108.30	107.74

2-7 续表 3 continued 3

农产品名称	Categories of agricultural products	2015	2016	2017	2018	2019	2020
热带水果	Tropical and subtropics area fruit	90.22	108.60	104.25	82.33	133.06	90.71
香蕉	Banana	73.13	104.61	107.34	91.89	117.59	89.33
瓜类水果	Melon fruit	89.84	102.82	107.88	100.00	111.81	91.98
西瓜	Watermelon	89.84	102.82	107.88	100.00	111.81	91.98
食用坚果	Nuts	97.05	93.61	92.81	100.42	91.38	100.27
核桃	Walnut	93.60	91.47	86.43	100.86	87.35	102.24
栗子	Chestnut					144.44	
茶及饮料原料	Tea and other beverages	99.36	98.16	103.78	98.12	103.12	96.69
茶叶	Tea	99.36	98.16	103.78	98.12	103.12	96.53
红茶	Black tea	100.80	103.56	101.96	100.19	99.60	92.88
绿茶	Green tea	98.64	96.64	103.64	97.34	105.06	96.30
清茶	Light tea	103.25	105.30	105.54	102.12	92.40	99.66
香料原料	Perfume crops	138.70	99.28	96.75	91.49	118.47	80.01
花椒	Chinese prickly ash	138.70	98.51	96.75	91.49	118.47	80.01
八椒	Anise		100.00				
中草药材	Chinese medicinal materials	92.63	100.28	99.83	103.97	93.56	95.88
人参	Ginseng	97.48		98.48	120.00	100.00	
二、林业产品	II.Forestry Products	96.45	96.87	109.74	95.39	100.05	97.28
木材采伐产品	Products of felling wood	99.59	100.76	110.19	99.69	101.04	95.92
原木	Log	99.59	100.76	110.19	99.69	101.04	95.92
红松原木	Korean pine	96.35	99.91			100.00	82.55
马尾松原木	Masson pine	97.42	104.76	101.12	99.06	102.20	96.52
云南松原木	Yunnan pine	101.65	99.94	107.85	100.32	100.92	95.04
竹材采伐产品	Products of felling bamboo	98.71	96.09	98.72	95.18	103.37	97.92
竹材	Bamboo wood	98.71	96.09	98.72	95.18	103.37	97.92
毛竹	Mao bamboo	97.42	94.60	96.47	98.12	102.44	95.11
撑蒿竹	Bambusa pervariabilis	100.00	97.57	100.97	92.24	104.31	100.72
胶脂和非直接食用果实类	Ruber, resin and nonedible seeds	90.45	93.64	132.56	82.60	98.71	97.39
天然橡胶	Natural rubber	90.41	93.77	133.97	81.39	98.87	98.29
天然橡胶乳	Latex rubber	89.99	93.69	136.64	80.82	99.06	98.81

2-7 续表 4 continued 4

农产品名称	Categories of agricultural products	2015	2016	2017	2018	2019	2020
天然树脂、树胶	Natural resin and gum	90.22	90.32	110.58	102.23	95.58	81.52
天然松脂	Rosin	90.22	90.32	110.58	102.23	95.58	81.52
非直接食用果类	Not directly consumed products of forest	100.00	103.43	104.93	100.27	101.43	
油桐籽	Seed of tung oil tree	100.00	103.43	104.93	100.27	101.43	
三、饲养动物及其产品	III.Raised Animals and Related Products	102.20	121.45	83.74	91.08	118.13	150.31
活牲畜	Livestock raising	104.61	131.78	81.88	80.24	124.31	176.61
生猪	Hog	105.88	138.11	78.72	74.54	128.09	189.29
活牛	Live cattle	99.69	102.09	95.08	107.51	102.85	112.56
活羊	Live sheep	90.66	94.93	102.95	112.61	108.40	110.18
活家禽	Live poultry	99.55	99.66	89.56	109.45	105.45	89.45
活鸡	Live chicken	97.96	101.27	87.30	111.45	107.40	93.94
活鸭	Live duck	103.32	96.83	93.06	107.76	100.96	87.30
活鹅	Live goose	100.41	97.53	93.22	104.36	104.24	75.85
畜禽产品	Livestock and poultry products	94.33	95.69	86.95	121.48	102.46	88.87
生奶	Milk	91.80	95.29	99.23	100.00	104.92	99.74
禽蛋	Poultry eggs	95.03	95.80	83.56	127.42	101.78	85.86
鸡蛋	Hen's egg	92.46	97.11	79.40	127.93	104.93	84.52
鸭蛋	Duck's egg	99.70	93.43	91.09	126.49	96.08	88.29
动物毛类	Hair and down products	94.98	100.34	105.08	112.08	93.24	99.00
绵羊毛	Sheep's wool	93.49	86.77	114.90	102.77	85.87	109.67
山羊毛	Goat's wool	95.78	105.60	86.50	136.90	122.50	99.20
兔毛	Rabbit hair	98.63	87.80	94.20	115.20	86.10	97.30
四、渔业产品	IV.Fishery Products	104.32	104.14	106.09	101.37	100.44	96.50
海水养殖产品	Marine aquacultural products	102.99	104.48	106.19	102.61	97.35	86.70
海水养殖鱼	Marine aquacultural fish	96.14	101.14	106.14	102.02	90.93	81.02
海水养殖鲈鱼	Perch	89.68	99.68	103.57	101.54		65.36
海水养殖石斑鱼	Grouper	89.96	101.88	113.69	108.55	86.67	87.32
海水养殖大黄鱼	Large yellow croaker	108.82	101.85	101.14	95.95	95.20	90.40
海水养殖虾	Marine aquacultural shrimps	109.27	93.28	108.78	116.12	98.33	100.87
海水养殖中国对虾	Chinese prawn	109.27	93.28	108.78	116.12	98.33	100.87
海水养殖蟹	Marine aquacultural crabs	99.85	112.38	103.17	111.63	82.56	88.14
海水养殖梭子蟹	Swimming crab	99.85	112.38	103.17	111.63	82.56	88.14

2-7 续表 5 continued 5

农产品名称	Categories of agricultural products	2015	2016	2017	2018	2019	2020
海水养殖贝类	Marine aquacultural shellfish	122.89	108.31	101.56	95.20	116.19	90.38
海水养殖牡蛎	Oyster	102.03	103.58	101.56	101.50	116.19	94.09
海水养殖扇贝	Scallop	143.75	113.04		88.89		86.67
海水养殖藻类	Marine aquacultural seaweeds	84.17	122.26	126.61	91.64	114.73	94.94
海水养殖海带	Kelp	75.14	126.84	107.35	87.44	116.17	92.98
海水养殖紫菜	Laver	102.39	112.99	165.64	100.14	111.80	98.90
海水捕捞产品	Marine fishing products	107.17	108.17	106.50	101.59	100.83	99.9
海水捕捞鲜鱼	Marine fishing fish	106.12	108.69	106.96	100.43	104.15	98.02
大黄鱼	Large yellow croaker	111.13	109.73		95.09	98.86	96.58
小黄鱼	Small yellow croaker	102.86	106.41	104.15	107.27	114.01	96.85
带鱼	Hairtail	104.37	109.94	109.77	98.93	99.59	100.61
海水捕捞虾	Marine fishing shrimps	104.13	106.03	101.19	97.67	93.11	91.89
中国对虾	Chinese prawn	100.6	105.13	96.99	91.17	77.34	81.59
海水捕捞蟹	Marine fishing crabs	105.27	108.18	119.08	110.56	101.87	105.33
梭子蟹	Swimming crab	105.27	108.18	119.08	110.56	101.87	105.33
海水捕捞贝类	Marine fishing shellfish	127.38		100.00	103.41	106.19	92.90
蛤	Clam	127.38		100.00	103.41	106.19	92.90
海水捕捞软体水生动物	Marine fishing aquatic animals	104.32	111.36	113.54	109.51	97.63	103.58
鱿鱼	Squid	104.32	111.36	113.54	109.51	97.63	103.58
淡水养殖产品	Freshwater aquacultural products	104.33	102.54	105.88	100.76	101.60	100.42
养殖淡水鱼	Freshwater aquacultural fish	105.19	102.51	107.05	98.41	96.33	105.21
养殖淡水鲤鱼	Carp	109.26	98.05	100.55	101.54	97.62	99.45
养殖淡水草鱼	Grass carp	104.28	103.54	111.90	95.97	95.32	107.30
养殖淡水鲢鱼	Silver carp	104.54	103.18	102.99	100.52	97.22	105.22
淡水养殖虾	Freshwater aquacultural shrimps	102.22	103.20	101.24	102.04	122.13	88.79
淡水养殖罗氏沼虾	M. Rosenbergii	100.75	109.00	105.50	107.27	139.82	77.95
淡水养殖青虾	Freshwater shrimp	103.70	97.38	96.98	96.80	104.41	99.65
淡水养殖蟹	Freshwater aquacultural crabs	100.00	100.00	105.55	139.11	105.08	64.46
淡水养殖活河蟹	Live river crab	100.00	100.00	105.55	139.11	105.08	64.46

2-8 全国农产品生产者价格指数(第三季度)
Producer Price Indices of Agricultural Products in the Third Quarter

(上年同期=100) (the same period of preceding year=100)

农产品名称	Categories of agricultural products	2015	2016	2017	2018	2019	2020
总指数	**All**	**104.09**	**100.40**	**96.77**	**100.28**	**113.92**	**114.76**
一、农业产品	I. Crop Products	99.96	97.32	102.57	100.52	101.10	102.76
谷物	Cereal (Unprocessed food grains)	97.87	94.07	102.82	98.19	99.00	102.07
稻谷	Rice	101.45	97.54	101.16	96.14	98.67	102.26
早籼稻	Early long-grained nonglutinous rice	100.72	97.14	101.86	94.89	99.63	103.32
晚籼稻	Late long-grained nonglutinous rice	102.13	99.65	100.33	99.68	96.89	100.00
中籼稻	Medium long-grained nonglutinous rice	101.53	100.00	100.69	95.24	101.87	106.18
粳稻	Medium to short-grained nonglutinous rice	105.69	97.47	97.38	101.34	93.03	96.25
小麦	Wheat	96.80	95.78	104.96	97.25	98.09	98.81
硬质小麦	Hard-grained wheat	97.89	94.09	104.53	98.45	97.52	103.28
软质小麦	Soft-grained wheat	96.15	90.50	108.37	97.31	102.76	104.20
玉米	Maize (Corn)	96.05	86.71	99.78	102.45	101.26	108.46
白玉米	White maize	97.90	82.58	103.92	102.53	91.82	104.38
黄玉米	Yellow maize	95.92	87.00	99.68	102.44	101.92	108.74
薯类	Tubers	105.23	90.89	105.98	110.26	105.57	100.32
马铃薯	White potato	105.95	86.98	108.89	108.50	108.02	102.96
甘薯	Sweet potato	102.58	103.85	95.65	116.50	99.64	90.68
油料	Oil-bearing crops	98.44	100.44	105.20	100.77	105.29	106.70
花生	Peanut	103.93	103.65	94.46	96.60	110.66	108.81
油菜籽	Rapeseed	96.78	99.19	107.88	101.71	104.01	106.26
芝麻	Sesame	93.78	92.48	95.73	95.90	104.83	102.79
豆类	Beans	99.55	98.06	99.56	96.16	105.36	103.87
大豆	Soybean	99.61	97.20	99.58	95.93	100.87	104.44
绿豆	Mung bean	99.26	102.10	99.44	97.22	126.40	101.18
棉花(籽棉)	Cotton(Unginned cotton)						
生麻	Fiber crops	110.05	98.60	96.73	100.66	120.77	86.63
生苎麻	Ramie	116.69	99.09	97.85	106.45	139.93	78.75
糖料	Sugar crops						
甘蔗	Sugarcane						
甜菜	Beet						

2-8 续表 1 continued 1

农产品名称	Categories of agricultural products	2015	2016	2017	2018	2019	2020
未加工烟草	Tobacco	100.80	96.07	102.81	100.19	103.45	104.38
未去梗烤烟叶	Flue-cured tobacco	104.80	101.37	98.36	103.67	101.68	104.38
未去梗晒烟叶	Sun-cured tobacco	96.80	90.76	107.25	96.71	105.22	
蔬菜及食用菌	Vegetables and edible mushrooms	107.10	96.80	104.85	105.44	98.97	107.29
蔬菜	Vegetables	108.36	96.57	105.12	106.43	99.91	109.13
叶菜类蔬菜	Leaf vegetables	110.47	94.64	105.88	106.43	101.20	109.25
芹菜	Celery	110.76	94.69	105.90	112.01	95.10	108.59
油菜	Cole	111.88	92.96	106.82	102.22	104.64	111.55
菠菜	Spinach	104.06	101.31	101.98	110.08	101.94	101.50
白菜类蔬菜	Cabbage vegetables	107.05	93.22	106.96	112.25	92.81	118.16
大白菜	Chinese cabbage	106.58	91.39	107.19	117.28	89.57	121.24
甘蓝类蔬菜	Wild cabbage vegetables	111.09	105.69	101.64	107.89	103.26	115.83
结球甘蓝	Wild cabbage	107.59	81.06	99.11	112.50	90.68	116.57
花椰菜	Cauliflower	111.70	109.94	102.08	107.10	105.43	115.70
根茎类蔬菜	Root and tuber vegetables	101.70	99.14	104.19	106.72	98.45	101.15
白萝卜	White radish	107.74	96.41	99.46	101.79	96.20	112.50
胡萝卜	Carrot	103.94	95.74	95.88	103.31	92.68	95.15
生姜	Ginger	90.33	71.15	111.59	100.30	113.21	128.68
瓜菜类蔬菜	Gourd vegetables	108.80	94.86	105.25	104.56	100.61	106.35
黄瓜	Cucumber	108.60	97.50	105.76	106.47	99.65	105.63
冬瓜	White gourd	110.17	89.08	103.52	98.78	103.97	108.07
豆类蔬菜	Garden beans	104.97	100.15	103.63	103.93	104.50	102.73
豇豆	Cowpea	104.99	100.00	105.49	103.21	102.54	104.53
四季豆	Kidney bean	105.70	100.00	106.37	103.16	108.24	101.87
茄果类蔬菜	Eggplants, tomato and chilies, etc.	104.50	91.39	104.58	106.52	99.83	108.94
茄子	Eggplant	103.77	92.04	102.38	108.15	96.98	110.49
青椒	Sweetbell	105.67	96.18	96.97	110.04	106.51	104.73
辣椒	Chili	104.91	92.81	99.66	104.41	109.09	98.03
西红柿	Tomato	104.49	88.71	110.70	104.87	96.19	113.31
莴苣及菊苣类蔬菜	Lettuce and chickory vegetables	109.42	98.76	108.55	101.58	101.59	102.41
生菜	Lettuce	112.37	103.65	106.41	102.28	95.84	110.98
莴笋	Asparagus lettuce	107.06	91.44	114.83	104.59	110.99	88.10

2-8 续表 2 continued 2

农产品名称	Categories of agricultural products	2015	2016	2017	2018	2019	2020
葱蒜类蔬菜	Onion and garlic vegetables	107.78	111.80	97.79	89.56	110.42	92.71
大葱	Scallion	110.19	89.52	102.08	109.66	88.79	102.53
大蒜	Garlic	108.57	124.95	94.17	71.38	121.68	82.26
水生蔬菜	Aquatic vegetables	105.31	104.56	97.20	110.15	104.13	91.37
莲藕	Lotus root	101.72	95.72	88.51	107.17	119.22	89.59
食用菌	Edible mushrooms	99.88	98.10	103.30	99.72	93.56	96.71
平菇	Oyster mushroom	101.25	99.44	103.26	105.26	103.31	98.01
金针菇	Needle mushroom	99.77	95.82	103.80	97.23	88.96	94.72
香菇	Shiitake Mushroom (Dried)	91.30	106.88	100.60	107.36	103.13	104.15
黑木耳	Black edible fungus (Dried)	100.00	101.89	99.40	97.62	96.99	97.19
花卉	Flowers	112.14	86.44	125.17	97.04	97.64	126.68
鲜切花及花蕾	Fresh flowers	112.14	86.44	125.17	97.04	97.64	126.68
康乃馨	Carnation	125.00	73.33	100.00	83.78	106.90	114.58
满天星	Gypsophila paniculata L.	100.20	100.00	200.00	100.00	85.82	106.19
勿忘我	Forget-me-not						
玫瑰	Rugosa rose	96.36	101.03	97.79	108.18	106.88	106.94
百合花	Lily				106.67	87.28	169.70
水果及坚果	Fruit and nuts	97.38	102.78	96.25	105.20	107.61	96.81
水果(园林水果)	Garden fruit	97.88	102.56	96.32	105.41	108.10	97.04
苹果	Apple fruit	91.62	107.84	102.27	101.73	120.49	87.59
红富士苹果	Fuji apple	91.60	107.83	102.26	101.73	120.51	87.65
国光苹果	Ralls apple						
梨	Pear fruit	107.74	99.62	95.39	116.45	86.04	112.23
雪花梨	Snowflake pear	89.26	100.00	100.36	97.38	91.46	116.57
鸭梨	Ya-pear	105.79	104.17	92.75	116.77	81.23	111.26
柑橘类水果	Citrus fruit	98.98	108.11	112.70	101.97	124.16	86.35
柑橘	Mandarin orange	98.82	108.15	112.69	102.28	124.52	86.25
橙	Orange	93.82	112.19	122.59	87.38	108.08	88.10
葡萄	Grape fruit	94.54	100.41	98.55	100.96	108.37	98.22
巨峰葡萄	Kyoho grape	94.54	100.41	98.55	100.96	108.37	98.22

2-8 续表 3 continued 3

农产品名称	Categories of agricultural products	2015	2016	2017	2018	2019	2020
热带水果	Tropical and subtropics area fruit	89.38	137.48	99.00	89.68	177.45	80.57
香蕉	Banana	62.91	123.60	74.73	144.02	101.97	82.31
瓜类水果	Melon fruit	101.96	97.47	91.72	110.06	101.65	94.76
西瓜	Watermelon	101.96	97.47	91.72	110.06	101.65	94.76
食用坚果	Nuts	83.92	108.74	94.32	99.57	94.62	90.81
核桃	Walnut	84.23	93.37	94.37	93.70	92.95	92.62
栗子	Chestnut	80.22	133.59	90.48	113.43	100.19	84.08
茶及饮料原料	Tea and other beverages	98.32	100.26	102.63	100.73	101.01	98.20
茶叶	Tea	98.32	100.26	102.63	100.73	101.01	98.20
红茶	Black tea	94.59	97.91	101.47	100.90	100.82	97.82
绿茶	Green tea	98.40	100.15	103.09	101.15	101.86	98.07
清茶	Light tea	99.58	102.06	100.24	97.99	95.67	99.97
香料原料	Perfume crops	118.27	118.53	91.40	109.47	106.15	80.30
花椒	Chinese prickly ash	118.28	104.11	91.40	102.75	102.36	67.52
八椒	Anise	118.18	211.30		152.70	130.55	162.47
中草药材	Chinese medicinal materials	95.81	118.70	107.68	88.72	95.83	100.20
人参	Ginseng		103.78	112.53	74.70	97.08	
二、林业产品	II.Forestry Products	100.58	92.22	106.21	99.30	98.23	97.02
木材采伐产品	Products of felling wood	105.92	89.09	106.20	101.80	96.65	94.32
原木	Log	105.92	89.09	106.20	101.80	96.65	94.32
红松原木	Korean pine	100.27			105.88		
马尾松原木	Masson pine	96.01	97.10	98.44	99.21	102.91	96.82
云南松原木	Yunnan pine	95.86	91.80	109.67	100.31	90.41	88.76
竹材采伐产品	Products of felling bamboo	98.53	97.51	97.12	105.18	101.10	99.59
竹材	Bamboo wood	98.53	97.51	97.12	105.18	101.10	99.59
毛竹	Mao bamboo	97.35	94.08	96.90	102.09	102.21	97.19
撑蒿竹	Bambusa pervariabilis	99.71	100.93	97.33	108.27	99.99	101.98
胶脂和非直接食用果实类	Ruber, resin and nonedible seeds	83.95	93.84	125.49	83.57	98.50	102.39
天然橡胶	Natural rubber	83.92	93.82	125.58	83.45	98.56	102.41
天然橡胶乳	Latex rubber	81.95	91.71	126.75	84.98	98.27	101.69

2-8 续表 4 continued 4

农产品名称	Categories of agricultural products	2015	2016	2017	2018	2019	2020
天然树脂、树胶	Natural resin and gum	91.17	95.30	107.55	108.62	88.94	98.34
天然松脂	Rosin	91.17	95.30	107.55	108.62	88.94	97.77
非直接食用果类	Not directly consumed products of forest		101.04			90.00	103.45
油桐籽	Seed of tung oil tree		101.04			90.00	103.45
三、饲养动物及其产品	III.Raised Animals and Related Products	109.44	103.77	88.00	99.99	131.99	132.42
活牲畜	Livestock raising	114.62	107.35	83.52	94.80	143.04	150.53
生猪	Hog	119.41	109.94	79.25	91.20	149.27	159.02
活牛	Live cattle	98.87	97.25	99.59	103.96	111.64	108.93
活羊	Live sheep	86.25	93.20	107.33	118.13	114.20	110.32
活家禽	Live poultry	99.50	99.17	97.27	108.23	109.46	94.26
活鸡	Live chicken	99.49	100.36	97.55	107.95	108.53	91.64
活鸭	Live duck	102.00	95.97	100.92	104.78	107.60	92.55
活鹅	Live goose	96.60	98.98	92.06	113.19	114.71	104.90
畜禽产品	Livestock and poultry products	95.69	92.60	99.34	115.03	103.73	87.01
生奶	Milk	92.62	95.60	101.56	100.76	105.82	102.12
禽蛋	Poultry eggs	96.47	91.84	98.78	118.61	103.21	83.31
鸡蛋	Hen's egg	94.19	94.05	97.75	112.00	108.07	82.09
鸭蛋	Duck's egg	99.92	88.49	100.35	128.65	95.84	84.91
动物毛类	Hair and down products	105.50	91.06	109.90	125.24	85.44	115.90
绵羊毛	Sheep's wool	102.08	90.60	104.63	121.23	62.67	129.37
山羊毛	Goat's wool	125.43	86.60	126.30	150.00	102.10	100.10
兔毛	Rabbit hair	95.85	96.90	109.30	112.50	87.10	91.30
四、渔业产品	IV.Fishery Products	101.25	103.30	105.93	100.88	101.17	101.30
海水养殖产品	Marine aquacultural products	105.43	102.49	107.31	100.15	98.54	94.94
海水养殖鱼	Marine aquacultural fish	99.33	96.28	107.87	100.87	100.38	90.98
海水养殖鲈鱼	Perch	99.65	108.91	106.84	102.18	88.42	87.19
海水养殖石斑鱼	Grouper	90.67	79.30	118.55	104.06	99.67	83.50
海水养殖大黄鱼	Large yellow croaker	107.67	100.64	98.23	96.36	113.06	102.24
海水养殖虾	Marine aquacultural shrimps	105.64	100.07	111.97	88.71	91.27	102.77
海水养殖中国对虾	Chinese prawn	105.64	100.07	111.97	88.71	91.27	102.77
海水养殖蟹	Marine aquacultural crabs	110.11	106.56	97.76	108.61	98.28	90.29
海水养殖梭子蟹	Swimming crab	110.11	106.56	97.76	108.61	98.28	90.29

2-8 续表 5 continued 5

农产品名称	Categories of agricultural products	2015	2016	2017	2018	2019	2020
海水养殖贝类	Marine aquacultural shellfish	111.10	112.62	114.11	103.61	98.78	97.40
海水养殖牡蛎	Oyster	97.25	112.62	114.11	103.61	98.78	97.40
海水养殖扇贝	Scallop	125.00					
海水养殖藻类	Marine aquacultural seaweeds	99.06	93.95	104.75	93.67	109.55	96.37
海水养殖海带	Kelp	98.59	90.95	107.11	90.63	114.29	94.57
海水养殖紫菜	Laver	100.00	100.00	100.00	99.78	100.00	100.00
海水捕捞产品	Marine fishing products	103.08	104.47	102.29	103.40	102.57	102.99
海水捕捞鲜鱼	Marine fishing fish	103.13	99.75	102.29	102.65	101.90	99.33
大黄鱼	Large yellow croaker	104.31	92.58	64.29	97.94	112.72	82.86
小黄鱼	Small yellow croaker	104.49	100.52	109.08	111.39	99.62	110.80
带鱼	Hairtail	100.58	106.14	103.22	98.62	93.36	104.33
海水捕捞虾	Marine fishing shrimps	103.97	108.74	102.60	105.41	104.50	99.24
中国对虾	Chinese prawn	103.70	106.61	99.60	110.06	101.11	91.99
海水捕捞蟹	Marine fishing crabs	106.81	95.92	105.38	100.96	104.58	105.55
梭子蟹	Swimming crab	106.81	95.92	105.38	100.96	104.58	105.55
海水捕捞贝类	Marine fishing shellfish		115.84			92.66	136.70
蛤	Clam		115.84			92.66	136.70
海水捕捞软体水生动物	Marine fishing aquatic animals	96.46	117.23	107.69	104.25	108.65	99.90
鱿鱼	Squid	96.46	117.23	107.69	104.25	108.65	99.90
淡水养殖产品	Freshwater aquacultural products	99.21	103.55	105.08	100.14	101.80	103.48
养殖淡水鱼	Freshwater aquacultural fish	97.90	102.71	104.01	99.04	100.69	104.69
养殖淡水鲤鱼	Carp	100.82	97.52	100.70	100.64	100.08	101.63
养殖淡水草鱼	Grass carp	96.50	106.76	106.83	97.38	100.00	106.55
养殖淡水鲢鱼	Silver carp	98.54	99.21	102.20	100.29	101.89	103.99
淡水养殖虾	Freshwater aquacultural shrimps	102.54	101.58	111.01	103.32	105.25	97.39
淡水养殖罗氏沼虾	M. Rosenbergii	101.86	101.51	112.26	96.25	108.42	93.20
淡水养殖青虾	Freshwater shrimp	103.21	101.65	109.76	110.39	102.07	101.59
淡水养殖蟹	Freshwater aquacultural crabs	98.82	119.29	94.07	100.02	100.81	112.02
淡水养殖活河蟹	Live river crab	98.82	119.29	94.07	100.02	100.81	112.02

2-9 全国农产品生产者价格指数(第四季度)
Producer Price Indices of Agricultural Products in the Fourth Quarter

(上年同期=100) (the same period of preceding year=100)

农产品名称	Categories of agricultural products	2015	2016	2017	2018	2019	2020
总指数	**All**	**101.23**	**101.45**	**98.61**	**100.27**	**128.50**	**101.85**
一、农业产品	I. Crop Products	96.30	101.51	100.64	101.70	98.51	107.88
谷物	Cereal (Unprocessed food grains)	94.27	96.38	102.76	99.82	99.87	109.86
稻谷	Rice	99.36	99.49	101.25	96.45	97.98	105.98
早籼稻	Early long-grained nonglutinous rice	99.63	98.13	102.85	99.63	95.45	104.30
晚籼稻	Late long-grained nonglutinous rice	100.00	101.09	101.80	96.26	98.26	108.62
中籼稻	Medium long-grained nonglutinous rice	98.91	100.73	100.36	97.52	98.92	104.66
粳稻	Medium to short-grained nonglutinous rice	98.99	98.65	100.67	95.62	98.26	105.02
小麦	Wheat	94.19	98.82	103.30	102.65	99.75	102.89
硬质小麦	Hard-grained wheat	96.34	100.00	103.61	97.81	97.86	104.98
软质小麦	Soft-grained wheat	95.24	96.43	105.19	97.77	102.37	108.49
玉米	Maize (Corn)	87.09	91.36	104.25	103.31	102.51	117.30
白玉米	White maize	89.76	100.00	98.48	103.37	100.81	114.69
黄玉米	Yellow maize	86.90	90.76	104.65	103.31	102.63	117.48
薯类	Tubers	98.57	103.49	94.25	109.84	103.26	102.28
马铃薯	White potato	96.20	103.08	91.09	108.33	104.62	102.08
甘薯	Sweet potato	102.84	102.60	98.87	112.64	101.51	102.73
油料	Oil-bearing crops	100.94	101.29	101.68	102.55	102.43	108.96
花生	Peanut	97.51	103.62	98.72	101.39	108.77	108.82
油菜籽	Rapeseed	99.55	106.84	104.06	99.26	100.38	103.33
芝麻	Sesame	101.83	98.27	97.76	101.57	112.17	96.14
豆类	Beans	93.46	99.48	94.63	100.96	97.95	116.04
大豆	Soybean	93.98	97.29	97.46	100.29	96.79	117.09
绿豆	Mung bean	91.29	108.59	82.87	97.84	102.79	111.68
棉花(籽棉)	Cotton(Unginned cotton)	92.67	121.59	100.39	98.30	91.96	110.51
生麻	Fiber crops	91.42	103.78	109.16	107.28	108.34	95.69
生苎麻	Ramie	91.42	103.78	109.16	129.38	108.34	95.69
糖料	Sugar crops	107.50	116.29	106.84	98.13	97.00	100.00
甘蔗	Sugarcane	107.58	118.31	107.69	97.62	96.31	100.00
甜菜	Beet	106.82	100.00	100.00	102.27	97.78	100.00

2-9 续表 1 continued 1

农产品名称	Categories of agricultural products	2015	2016	2017	2018	2019	2020
未加工烟草	Tobacco	102.33	97.46	102.83	94.59	102.25	98.73
未去梗烤烟叶	Flue-cured tobacco	102.85	97.52	102.60	100.96	104.17	101.36
未去梗晒烟叶	Sun-cured tobacco	101.80	97.39	103.07	88.22	100.33	96.11
蔬菜及食用菌	Vegetables and edible mushrooms	102.31	105.61	97.70	100.40	99.34	107.53
蔬菜	Vegetables	103.58	108.88	97.17	99.11	101.12	108.17
叶菜类蔬菜	Leaf vegetables	104.16	111.69	99.09	100.06	98.92	106.71
芹菜	Celery	103.61	118.51	95.36	99.70	91.69	116.38
油菜	Cole	104.27	108.28	101.29	101.05	102.75	101.62
菠菜	Spinach	105.01	109.07	99.18	96.92	100.83	104.08
白菜类蔬菜	Cabbage vegetables	101.75	111.55	93.04	98.32	101.24	111.90
大白菜	Chinese cabbage	103.67	114.53	93.85	98.32	100.80	114.18
甘蓝类蔬菜	Wild cabbage vegetables	99.05	118.98	93.91	78.14	113.37	109.14
结球甘蓝	Wild cabbage	106.25	125.58	85.71	102.80	86.62	123.75
花椰菜	Cauliflower	97.81	117.85	95.31	73.93	117.94	106.65
根茎类蔬菜	Root and tuber vegetables	95.17	105.10	95.16	99.64	97.58	106.48
白萝卜	White radish	97.64	110.20	90.24	97.76	98.13	104.60
胡萝卜	Carrot	107.32	103.55	104.05	109.38	93.10	103.70
生姜	Ginger	64.54	91.96	105.49	94.69	113.27	126.97
瓜菜类蔬菜	Gourd vegetables	107.69	94.63	103.56	105.73	103.16	101.87
黄瓜	Cucumber	106.34	95.95	103.91	106.07	103.51	100.00
冬瓜	White gourd	112.74	90.07	102.86	105.11	102.70	108.20
豆类蔬菜	Garden beans	102.16	104.82	100.07	102.40	101.25	105.31
豇豆	Cowpea	104.38	105.17	99.29	101.31	101.87	104.50
四季豆	Kidney bean	103.47	106.84	101.34	103.39	100.00	108.56
茄果类蔬菜	Eggplants, tomato and chilies, etc.	106.76	103.71	94.30	109.08	94.56	114.08
茄子	Eggplant	103.59	104.07	93.26	104.51	99.38	106.31
青椒	Sweetbell	103.47	107.16	100.00	97.57	91.34	124.60
辣椒	Chili	102.76	108.31	103.01	95.50	96.35	124.11
西红柿	Tomato	111.80	100.52	89.84	121.60	91.38	112.50
莴苣及菊苣类蔬菜	Lettuce and chickory vegetables	102.18	108.13	95.70	91.40	101.86	107.44
生菜	Lettuce	108.28	102.84	96.50	93.55	109.74	97.53
莴笋	Asparagus lettuce	94.07	119.48	92.88	95.58	88.76	118.70

2-9 续表 2 continued 2

农产品名称	Categories of agricultural products	2015	2016	2017	2018	2019	2020
葱蒜类蔬菜	Onion and garlic vegetables	113.18	108.07	94.17	96.64	105.56	113.36
大葱	Scallion	117.22	96.10	106.58	101.30	97.05	145.38
大蒜	Garlic	111.02	113.70	90.92	96.95	107.81	98.49
水生蔬菜	Aquatic vegetables	102.12	107.79	98.23	103.52	110.33	113.08
莲藕	Lotus root	97.82	103.13	89.66	108.60	107.82	114.16
食用菌	Edible mushrooms	99.04	97.16	99.09	103.73	94.75	105.88
平菇	Oyster mushroom	98.55	108.04	105.40	100.82	101.33	100.33
金针菇	Needle mushroom	100.34	93.62	97.67	105.87	93.25	108.99
香菇	Shiitake Mushroom (Dried)	93.43	103.20	99.76	103.02	99.92	97.36
黑木耳	Black edible fungus (Dried)	100.47	101.71	97.27	102.04	101.44	98.93
花卉	Flowers	107.27	106.75	108.86	91.04	109.83	105.43
鲜切花及花蕾	Fresh flowers	107.27	106.75	108.86	91.04	109.83	105.43
康乃馨	Carnation	113.43	105.56	103.13	75.76	129.17	71.67
满天星	Gypsophila paniculata L.	150.00	100.00	166.67	100.00	95.68	84.85
勿忘我	Forget-me-not	100.00	100.00				
玫瑰	Rugosa rose	90.89	110.75	93.78	102.21	96.25	104.52
百合花	Lily	97.28	107.27	103.45	91.67		156.07
水果及坚果	Fruit and nuts	92.93	98.89	104.52	108.27	95.05	103.08
水果(园林水果)	Garden fruit	93.75	98.58	105.58	109.03	95.43	104.51
苹果	Apple fruit	83.47	90.25	106.85	125.15	79.31	102.07
红富士苹果	Fuji apple	83.54	90.30	106.96	127.13	79.20	102.68
国光苹果	Ralls apple	81.46	120.53	98.01	105.74	100.74	96.00
梨	Pear fruit	88.20	92.97	111.78	120.77	92.17	151.56
雪花梨	Snowflake pear	87.39	100.99	113.57	108.94	82.11	127.90
鸭梨	Ya-pear	88.24	90.70	114.57	119.32	95.13	158.74
柑橘类水果	Citrus fruit	105.88	112.81	104.99	95.24	107.07	85.45
柑橘	Mandarin orange	102.11	115.74	104.74	93.65	110.29	78.35
橙	Orange	108.86	113.81	109.76	99.85	106.62	92.54
葡萄	Grape fruit	96.12	97.96	103.31	80.29	109.87	100.44
巨峰葡萄	Kyoho grape	96.12	97.96	103.31	80.29	109.87	100.44

2-9 续表 3 continued 3

农产品名称	Categories of agricultural products	2015	2016	2017	2018	2019	2020
热带水果	Tropical and subtropics area fruit	72.45	104.22	80.72	157.71	90.99	91.21
香蕉	Banana	60.20	109.00	77.14	178.48	84.39	90.53
瓜类水果	Melon fruit	117.02	106.54	114.72	103.45	110.96	118.82
西瓜	Watermelon	117.02	106.54	114.72	103.45	110.96	118.82
食用坚果	Nuts	84.50	102.03	93.59	100.49	91.12	88.40
核桃	Walnut	85.15	92.81	94.86	91.53	87.77	88.75
栗子	Chestnut	83.12	115.99	91.36	115.21	96.65	87.24
茶及饮料原料	Tea and other beverages	95.86	101.97	100.77	99.76	102.69	98.95
茶叶	Tea	95.86	101.97	100.77	99.76	102.69	98.95
红茶	Black tea	88.52	106.45	104.66	106.23	100.94	100.61
绿茶	Green tea	95.61	101.19	100.36	99.97	102.18	98.58
清茶	Light tea	100.85	104.77	101.57	95.39	106.74	100.51
香料原料	Perfume crops	101.92	127.55	92.36	122.62	113.61	88.72
花椒	Chinese prickly ash	105.16	105.59	96.92	106.09	102.18	72.28
八椒	Anise	91.26	201.78	76.94	178.47	152.26	144.30
中草药材	Chinese medicinal materials	97.88	105.63	94.24	101.43	107.51	91.49
人参	Ginseng		100.19	104.74	93.99	94.68	88.30
二、林业产品	II.Forestry Products	94.71	101.19	99.50	101.30	101.81	101.69
木材采伐产品	Products of felling wood	94.18	99.10	99.96	105.56	102.55	99.66
原木	Log	94.18	99.10	99.96	105.56	102.55	99.66
红松原木	Korean pine	96.50	99.96	100.01		104.89	100.00
马尾松原木	Masson pine	97.23	96.55	100.16	102.99	102.76	95.23
云南松原木	Yunnan pine	97.38	99.25	103.40	108.13	100.00	90.75
竹材采伐产品	Products of felling bamboo	95.79	97.14	100.32	100.47	104.33	99.41
竹材	Bamboo wood	95.79	97.14	100.32	100.47	104.33	99.41
毛竹	Mao bamboo	96.26	95.03	98.62	98.74	101.01	97.57
撑蒿竹	Bambusa pervariabilis	95.31	99.25	102.02	102.20	107.65	101.25
胶脂和非直接食用果实类	Ruber, resin and nonedible seeds	87.75	115.31	98.28	91.86	100.90	113.85
天然橡胶	Natural rubber	86.96	115.87	96.56	88.57	100.60	115.83
天然橡胶乳	Latex rubber	86.96	115.87	96.56	88.57	100.60	115.83

2-9 续表 4 continued 4

农产品名称	Categories of agricultural products	2015	2016	2017	2018	2019	2020
天然树脂、树胶	Natural resin and gum	81.95	97.25	110.60	106.52	76.67	132.56
天然松脂	Rosin	90.95	97.25	110.60	106.52	76.67	132.56
非直接食用果类	Not directly consumed products of forest	93.78	111.18	111.31	116.96	103.43	98.46
油桐籽	Seed of tung oil tree	93.78	111.18	111.31	116.96	103.43	98.46
三、饲养动物及其产品	III.Raised Animals and Related Products	106.15	100.65	94.75	98.58	169.69	96.72
活牲畜	Livestock raising	109.19	101.84	91.16	96.40	190.98	99.72
生猪	Hog	112.93	102.71	87.05	93.68	209.48	97.72
活牛	Live cattle	98.64	97.25	100.91	102.15	122.68	105.33
活羊	Live sheep	90.63	99.66	113.52	111.89	115.55	109.67
活家禽	Live poultry	102.98	98.81	103.95	103.73	113.32	90.56
活鸡	Live chicken	96.60	98.58	104.41	103.52	113.95	90.04
活鸭	Live duck	109.85	103.15	104.53	103.16	113.89	88.55
活鹅	Live goose	120.30	93.53	101.18	105.41	109.81	95.64
畜禽产品	Livestock and poultry products	93.33	96.14	105.26	105.32	108.87	86.62
生奶	Milk	94.38	98.94	100.00	102.37	106.72	103.65
禽蛋	Poultry eggs	93.03	95.35	106.74	106.15	109.48	81.84
鸡蛋	Hen's egg	92.44	95.62	107.65	104.84	111.85	81.16
鸭蛋	Duck's egg	95.89	94.06	102.37	112.46	98.06	85.11
动物毛类	Hair and down products	90.40	97.58	116.45	108.54	97.70	104.46
绵羊毛	Sheep's wool	96.32	101.30	128.91	107.90	103.60	109.20
山羊毛	Goat's wool	73.45	96.80	98.60	101.00	104.10	85.90
兔毛	Rabbit hair	89.60	87.20	96.80	118.00	73.60	108.80
四、渔业产品	IV.Fishery Products	102.08	103.52	103.73	101.03	99.66	101.36
海水养殖产品	Marine aquacultural products	100.19	105.64	107.81	100.79	94.97	98.05
海水养殖鱼	Marine aquacultural fish	95.19	102.15	107.78	105.56	93.02	93.06
海水养殖鲈鱼	Perch	93.53	103.20	106.69	109.76	88.04	96.47
海水养殖石斑鱼	Grouper	85.88	99.24	118.70	98.78	93.40	85.25
海水养殖大黄鱼	Large yellow croaker	106.16	104.01	97.94	108.13	97.62	97.45
海水养殖虾	Marine aquacultural shrimps	105.56	105.80	109.06	93.25	102.63	99.31
海水养殖中国对虾	Chinese prawn	105.56	105.80	109.06	93.25	102.63	99.31
海水养殖蟹	Marine aquacultural crabs	120.38	118.00	112.07	94.03	86.88	96.81
海水养殖梭子蟹	Swimming crab	120.38	118.00	112.07	94.03	86.88	96.81

2-9 续表 5 continued 5

农产品名称	Categories of agricultural products	2015	2016	2017	2018	2019	2020
海水养殖贝类	Marine aquacultural shellfish	103.53	117.95	104.01	101.14	104.99	130.28
海水养殖牡蛎	Oyster	110.63	102.99	106.78	101.14	98.16	98.71
海水养殖扇贝	Scallop	96.36	133.10	101.20		111.90	162.25
海水养殖藻类	Marine aquacultural seaweeds	94.25	104.33	98.13	76.95	104.36	122.63
海水养殖海带	Kelp	88.21	103.56	99.08	81.00	109.89	114.93
海水养殖紫菜	Laver	106.44	105.87	96.24	68.86	93.29	138.02
海水捕捞产品	Marine fishing products	104.55	103.79	102.87	101.15	103.54	101.92
海水捕捞鲜鱼	Marine fishing fish	104.48	96.59	100.40	100.33	104.30	101.31
大黄鱼	Large yellow croaker	101.06	83.33	103.31	96.56	107.88	103.35
小黄鱼	Small yellow croaker	107.51	101.02	97.15	102.26	99.73	104.64
带鱼	Hairtail	104.86	105.40	100.75	102.17	105.30	95.95
海水捕捞虾	Marine fishing shrimps	103.02	107.25	104.63	101.56	104.12	98.03
中国对虾	Chinese prawn	105.56	98.38	106.93		100.16	95.86
海水捕捞蟹	Marine fishing crabs	109.64	110.07	100.73	94.07	101.40	115.28
梭子蟹	Swimming crab	109.64	110.07	100.73	94.07	101.40	115.28
海水捕捞贝类	Marine fishing shellfish	103.87	109.41	111.11	117.88	107.45	105.48
蛤	Clam	103.87	109.41	111.11	117.88	107.45	105.48
海水捕捞软体水生动物	Marine fishing aquatic animals	105.15	124.79	106.33	95.20	95.45	100.36
鱿鱼	Squid	105.15	124.79	106.33	95.20	95.45	100.36
淡水养殖产品	Freshwater aquacultural products	102.39	102.52	102.33	101.09	100.13	102.54
养殖淡水鱼	Freshwater aquacultural fish	101.57	101.04	104.68	99.99	101.46	102.00
养殖淡水鲤鱼	Carp	106.07	96.96	101.63	101.67	103.06	101.35
养殖淡水草鱼	Grass carp	99.46	104.27	104.97	96.72	101.10	102.40
养殖淡水鲢鱼	Silver carp	101.83	99.74	106.45	102.33	100.80	101.96
淡水养殖虾	Freshwater aquacultural shrimps	103.09	101.21	99.85	96.58	102.40	99.80
淡水养殖罗氏沼虾	M. Rosenbergii	105.21	100.87	101.38	92.46	98.93	94.29
淡水养殖青虾	Freshwater shrimp	100.96	101.56	98.32	100.70	105.87	105.31
淡水养殖蟹	Freshwater aquacultural crabs	103.51	107.62	98.44	108.17	94.52	106.50
淡水养殖活河蟹	Live river crab	103.51	107.62	98.44	108.17	94.52	106.50

2-10 各地区农产品生产者价格总指数
Producer Price Indices of Agricultural Products by Region

(上年=100) (preceding year=100)

地区	Region	2015	2016	2017	2018	2019	2020
全国	**National**	**101.67**	**103.42**	**96.46**	**99.07**	**114.51**	**115.01**
北京	Beijing	99.76	99.65	96.15	103.56	109.93	110.87
天津	Tianjin	100.66	102.96	95.50	104.15	108.8	114.94
河北	Hebei	97.50	96.76	96.19	104.65	107.05	111.49
山西	Shanxi	95.84	95.24	95.87	104.70	115.21	109.40
内蒙古	Inner Mongolia	97.95	95.14	95.59	101.95	105.60	111.01
辽宁	Liaoning	99.53	100.73	93.56	103.74	107.61	108.07
吉林	Jilin	100.59	93.09	89.46	106.13	108.66	117.13
黑龙江	Heilongjiang	98.74	93.64	95.14	100.75	106.18	118.46
上海	Shanghai	102.39	106.60	98.41	100.45	105.56	106.67
江苏	Jiangsu	102.31	103.95	97.92	100.88	109.27	107.52
浙江	Zhejiang	101.96	104.47	99.06	100.82	109.88	107.30
安徽	Anhui	99.76	100.95	98.41	99.04	109.34	115.62
福建	Fujian	101.24	108.26	98.90	102.58	106.88	102.27
江西	Jiangxi	103.65	104.09	97.34	97.40	113.22	110.95
山东	Shandong	100.06	102.84	98.58	100.51	112.23	108.65
河南	Henan	100.71	103.19	94.88	97.88	119.90	116.78
湖北	Hubei	99.47	106.18	99.29	96.56	110.09	118.11
湖南	Hunan	104.09	104.72	97.97	95.38	118.02	123.34
广东	Guangdong	102.32	106.49	99.39	101.32	107.33	104.73
广西	Guangxi	101.97	106.07	98.21	97.25	115.49	115.54
海南	Hainan	99.11	106.65	101.85	97.26	109.17	112.82
重庆	Chongqing	102.35	109.81	96.84	99.65	112.08	113.56
四川	Sichuan	103.26	105.55	97.80	100.17	115.55	116.05
贵州	Guizhou	104.64	108.71	96.65	92.63	116.17	122.58
云南	Yunnan	101.28	103.91	98.68	96.90	109.58	120.18
陕西	Shaanxi	96.32	98.02	98.42	100.89	107.67	112.31
甘肃	Gansu	99.84	99.19	99.14	101.74	109.89	106.63
青海	Qinghai	96.06	104.51	100.97	100.33	109.63	122.57
宁夏	Ningxia	98.37	98.72	99.30	104.99	106.38	113.08
新疆	Xinjiang	90.41	107.61	100.65	106.33	99.61	111.00

2-11 各地区农业产品生产者价格指数
Producer Price Indices of Crop Products by Region

(上年=100) (preceding year=100)

地　区	Region	2015	2016	2017	2018	2019	2020
全　国	**National**	**99.22**	**97.02**	**99.48**	**101.25**	**100.75**	**102.77**
北　京	Beijing	97.54	94.68	98.52	109.67	98.56	99.32
天　津	Tianjin	100.82	97.97	97.80	109.02	99.71	110.06
河　北	Hebei	97.26	92.71	98.79	104.49	100.95	112.44
山　西	Shanxi	94.48	91.23	97.62	107.06	107.76	105.45
内蒙古	Inner Mongolia	100.30	91.43	93.47	105.35	101.92	108.89
辽　宁	Liaoning	99.78	94.33	93.92	105.40	100.61	107.49
吉　林	Jilin	99.75	87.53	88.80	110.50	101.05	111.99
黑龙江	Heilongjiang	97.44	90.04	96.12	102.89	99.51	112.14
上　海	Shanghai	102.43	105.27	95.59	102.82	102.82	101.45
江　苏	Jiangsu	100.51	99.17	101.47	100.95	100.27	103.65
浙　江	Zhejiang	99.85	101.54	99.83	100.07	102.77	98.22
安　徽	Anhui	97.84	97.63	102.46	99.36	99.54	104.16
福　建	Fujian	100.82	108.76	95.90	102.58	103.79	100.10
江　西	Jiangxi	99.05	99.10	101.12	98.93	100.65	102.52
山　东	Shandong	98.29	98.46	99.30	101.24	106.08	107.88
河　南	Henan	95.85	96.39	99.75	100.07	103.19	105.44
湖　北	Hubei	96.32	100.92	103.51	98.95	102.01	102.27
湖　南	Hunan	101.45	96.18	107.44	98.20	101.95	102.66
广　东	Guangdong	103.20	107.86	100.87	100.11	103.51	99.80
广　西	Guangxi	98.80	103.20	104.43	99.16	103.51	99.47
海　南	Hainan	102.03	113.25	99.76	97.33	106.59	96.39
重　庆	Chongqing	100.56	104.35	102.78	106.29	102.09	105.75
四　川	Sichuan	101.72	101.32	102.57	101.74	102.74	102.88
贵　州	Guizhou	101.67	101.85	101.27	101.47	103.32	103.46
云　南	Yunnan	100.54	101.13	102.58	100.65	101.03	100.33
陕　西	Shaanxi	94.72	94.77	100.42	103.66	104.20	108.51
甘　肃	Gansu	100.88	97.11	100.87	101.55	104.77	102.30
青　海	Qinghai	92.73	99.94	101.56	97.08	106.42	100.79
宁　夏	Ningxia	104.92	96.42	99.14	103.95	98.50	110.66
新　疆	Xinjiang	90.00	110.68	100.44	105.96	94.45	100.33

2-12 各地区林业产品生产者价格指数
Producer Price Indices of Forestry Products by Region

(上年=100) (preceding year=100)

地 区	Region	2015	2016	2017	2018	2019	2020
全 国	**National**	**97.88**	**96.11**	**104.86**	**98.90**	**100.10**	**100.66**
北 京	Beijing						
天 津	Tianjin						
河 北	Hebei	94.53	96.27	109.50	100.55	90.62	94.88
山 西	Shanxi	93.79	84.88	92.29	71.00	150.00	103.52
内蒙古	Inner Mongolia	98.47	91.76	92.58	101.33	101.48	88.76
辽 宁	Liaoning	96.98	95.64	106.48	105.72	97.24	100.00
吉 林	Jilin	100.03	98.32	101.61	108.22	99.45	100.27
黑龙江	Heilongjiang	101.42	85.30	115.30	105.10	102.49	100.65
上 海	Shanghai	102.00	104.43	101.34	101.98	100.21	101.83
江 苏	Jiangsu	99.08	98.51	99.45	102.40	104.78	102.78
浙 江	Zhejiang	98.82	101.74	99.12	99.17	100.30	100.45
安 徽	Anhui	95.26	94.92	96.59	100.96	102.71	102.87
福 建	Fujian	93.30	95.66	100.09	110.80	103.23	89.13
江 西	Jiangxi	96.63	97.92	98.41	101.40	100.99	90.95
山 东	Shandong	100.93	98.71	101.19	101.37	100.31	104.78
河 南	Henan	84.92	102.9	103.73	105.80	102.30	96.28
湖 北	Hubei	99.52	99.56	103.05	100.33	101.79	106.09
湖 南	Hunan	96.34	92.96	91.93	101.39	101.20	94.10
广 东	Guangdong	99.86	98.39	101.97	99.41	98.00	99.50
广 西	Guangxi	97.69	95.14	101.08	102.91	99.89	97.56
海 南	Hainan	83.77	101.61	115.58	90.41	91.56	104.36
重 庆	Chongqing	94.47	107.31	99.34	92.88	97.23	100.12
四 川	Sichuan	101.18	98.95	103.70	101.28	101.67	98.40
贵 州	Guizhou	100.92	102.07	100.94	96.82	100.86	98.53
云 南	Yunnan	92.27	87.29	104.69	105.92	93.13	99.01
陕 西	Shaanxi	81.84	71.02	107.88	95.31	97.96	93.16
甘 肃	Gansu			93.75			
青 海	Qinghai						
宁 夏	Ningxia						
新 疆	Xinjiang	100.48	89.88	88.08	121.31	96.22	90.93

2-13 各地区饲养动物及其产品生产者价格指数
Producer Price Indices of Raised Animals and Related Products by Region

(上年=100) (preceding year=100)

地区	Region	2015	2016	2017	2018	2019	2020
全国	**National**	**104.23**	**110.37**	**90.82**	**95.58**	**133.47**	**132.38**
北京	Beijing	101.88	104.71	93.64	96.99	123.34	124.60
天津	Tianjin	100.55	109.01	90.51	100.35	124.66	128.03
河北	Hebei	97.33	103.31	90.63	104.62	118.77	110.81
山西	Shanxi	98.19	102.14	92.12	100.86	128.10	116.78
内蒙古	Inner Mongolia	95.52	98.88	97.69	98.71	110.37	115.91
辽宁	Liaoning	99.27	108.84	92.62	101.59	116.75	109.22
吉林	Jilin	103.13	109.76	91.26	92.97	131.78	132.90
黑龙江	Heilongjiang	105.50	112.40	89.75	89.56	141.09	129.93
上海	Shanghai	103.55	110.10	90.98	93.04	126.72	129.06
江苏	Jiangsu	105.69	108.78	91.21	98.78	125.77	116.64
浙江	Zhejiang	104.28	110.15	89.03	95.56	140.27	138.21
安徽	Anhui	105.05	109.42	88.71	96.19	136.20	129.32
福建	Fujian	107.97	115.72	94.66	95.66	128.79	119.69
江西	Jiangxi	112.32	113.56	87.86	91.72	140.99	135.50
山东	Shandong	103.32	109.74	90.74	97.26	132.17	115.16
河南	Henan	109.22	113.98	86.56	94.01	148.41	137.42
湖北	Hubei	107.61	117.52	87.03	90.91	132.10	155.91
湖南	Hunan	108.06	115.87	86.63	91.56	139.76	151.70
广东	Guangdong	103.05	109.21	91.99	101.63	121.00	119.47
广西	Guangxi	108.00	115.69	87.46	91.72	139.56	147.09
海南	Hainan	102.52	108.10	90.31	95.74	136.09	134.40
重庆	Chongqing	104.41	114.83	91.33	94.63	133.66	130.48
四川	Sichuan	105.27	109.77	93.25	98.68	128.04	128.80
贵州	Guizhou	106.29	114.28	92.92	85.66	126.65	138.32
云南	Yunnan	103.18	110.17	90.52	88.96	127.56	157.38
陕西	Shaanxi	100.09	106.12	93.81	96.07	115.45	121.22
甘肃	Gansu	97.54	103.73	95.40	102.20	121.13	116.16
青海	Qinghai	101.40	106.72	100.21	105.59	114.96	121.64
宁夏	Ningxia	91.28	101.27	99.19	106.00	115.75	116.19
新疆	Xinjiang	92.10	100.71	101.74	106.23	114.37	115.64

2-14 各地区渔业产品生产者价格指数
Producer Price Indices of Fishery Products by Region

(上年=100) (preceding year=100)

地区	Region	2015	2016	2017	2018	2019	2020
全国	**National**	**102.45**	**103.40**	**104.95**	**102.57**	**99.35**	**100.16**
北京	Beijing	101.01	99.04	97.64	96.61	99.59	98.14
天津	Tianjin	100.34	106.11	99.68	95.65	102.27	99.73
河北	Hebei	105.74	99.46	103.19	109.85	100.69	106.02
山西	Shanxi	95.22	101.66	110.45	110.86	106.25	95.65
内蒙古	Inner Mongolia	97.55	99.80	99.59	99.16	101.94	107.42
辽宁	Liaoning	99.84	99.85	104.64	104.82	100.45	97.16
吉林	Jilin	98.18	98.57	98.87	94.14	96.97	109.63
黑龙江	Heilongjiang	95.80	104.24	95.30	99.05	105.33	112.82
上海	Shanghai	100.88	106.44	115.62	102.51	96.71	103.19
江苏	Jiangsu	100.85	106.73	102.63	103.77	102.65	101.85
浙江	Zhejiang	104.60	105.84	105.01	106.28	102.23	101.50
安徽	Anhui	99.62	101.34	101.17	103.19	100.22	103.35
福建	Fujian	100.54	107.29	105.52	103.86	98.35	95.77
江西	Jiangxi	103.88	103.20	106.12	103.19	99.05	99.31
山东	Shandong	100.31	103.28	106.85	103.12	101.26	101.82
河南	Henan	99.44	99.31	100.88		95.76	106.61
湖北	Hubei	96.72	106.94	106.87	101.93	99.30	108.77
湖南	Hunan	101.15	103.13	102.83	95.83	101.08	103.13
广东	Guangdong	101.09	104.21	103.92	103.62	102.11	99.18
广西	Guangxi	99.35	103.58	103.72	103.42	101.15	96.30
海南	Hainan	99.54	104.89	108.13	102.52	100.07	99.82
重庆	Chongqing	101.19	104.22	104.06	99.66	101.42	106.59
四川	Sichuan	98.63	101.42	101.68	101.02	102.40	104.59
贵州	Guizhou	104.44	101.02	100.89	99.27	107.46	99.18
云南	Yunnan	97.99	102.45	103.49	100.27	100.34	98.36
陕西	Shaanxi	102.37	97.41	101.83	103.13	96.12	104.17
甘肃	Gansu	100.60	99.52	91.09	93.61	101.21	91.82
青海	Qinghai	100.22	99.45	100.00	100.00	88.00	100.00
宁夏	Ningxia	100.70	97.08	103.16	106.33	91.80	105.42
新疆	Xinjiang	104.39	91.55	116.66	107.75	102.48	101.93

2-15 各地区农业产品生产者价格分类指数
Producer Price Indices of Crop Products by Region and Category

(上年=100) (preceding year=100)

地区	Region	农业产品 Crop Products 2019	农业产品 Crop Products 2020	谷物 Cereal (Unprocessed food grains) 2019	谷物 Cereal (Unprocessed food grains) 2020
全国	**National**	**100.75**	**102.77**	**100.33**	**104.05**
北京	Beijing	98.56	99.32	99.02	104.44
天津	Tianjin	99.71	110.06	97.60	101.83
河北	Hebei	100.95	112.44	99.07	106.02
山西	Shanxi	107.76	105.45	108.07	108.15
内蒙古	Inner Mongolia	101.92	108.89	100.43	110.66
辽宁	Liaoning	100.61	107.49	101.36	106.83
吉林	Jilin	101.05	111.99	101.63	111.44
黑龙江	Heilongjiang	99.51	112.14	98.84	108.11
上海	Shanghai	102.82	101.45	102.26	100.96
江苏	Jiangsu	100.27	103.65	96.19	103.41
浙江	Zhejiang	102.77	98.22	94.50	102.46
安徽	Anhui	99.54	104.16	98.92	104.23
福建	Fujian	103.79	100.10	98.85	102.33
江西	Jiangxi	100.65	102.52	96.62	104.52
山东	Shandong	106.08	107.88	98.95	107.96
河南	Henan	103.19	105.44	99.85	105.43
湖北	Hubei	102.01	102.27	101.82	105.89
湖南	Hunan	101.95	102.66	98.90	106.60
广东	Guangdong	103.51	99.80	98.29	100.47
广西	Guangxi	103.51	99.47	94.16	106.06
海南	Hainan	106.59	96.39	99.21	103.29
重庆	Chongqing	102.09	105.75	99.51	102.62
四川	Sichuan	102.74	102.88	99.78	102.80
贵州	Guizhou	103.32	103.46	104.01	104.49
云南	Yunnan	101.03	100.33	103.83	106.03
陕西	Shaanxi	104.20	108.51	99.41	106.36
甘肃	Gansu	104.77	102.30	100.70	98.35
青海	Qinghai	106.42	100.79	101.10	103.37
宁夏	Ningxia	98.50	110.66	97.06	113.30
新疆	Xinjiang	94.45	100.33	102.06	106.74

2-15 续表 1 continued 1

地 区	Region	薯类 Tubers		油料 Oil-bearing Crops		豆类 Beans	
		2019	2020	2019	2020	2019	2020
全 国	**National**	**104.67**	**102.99**	**105.19**	**107.89**	**100.06**	**105.37**
北 京	Beijing						
天 津	Tianjin						
河 北	Hebei	107.49	129.53	106.82	133.33	105.26	113.65
山 西	Shanxi	111.02	115.54			93.22	116.14
内蒙古	Inner Mongolia	122.61	102.57	104.37	97.93	94.84	110.57
辽 宁	Liaoning	110.34	100.45	109.98	121.49	98.43	102.64
吉 林	Jilin	97.04	100.00	99.33	110.72	99.84	117.35
黑龙江	Heilongjiang	100.38	102.31	115.66	109.02	100.30	120.40
上 海	Shanghai					98.60	
江 苏	Jiangsu	104.58	94.85	104.74	101.69	100.76	108.08
浙 江	Zhejiang	106.57	102.04	111.93	97.42		93.36
安 徽	Anhui	99.44	103.71	102.13	111.39	104.06	120.42
福 建	Fujian	96.88	113.86	103.25	102.37		
江 西	Jiangxi	105.15	96.75	103.53	104.15	102.30	104.34
山 东	Shandong	87.04	108.64	108.83	112.18	99.12	106.44
河 南	Henan	106.67	90.31	113.07	113.06	102.79	107.51
湖 北	Hubei	106.87	106.17	104.46	101.06	102.65	111.72
湖 南	Hunan	112.13	103.05	105.52	108.33	104.30	107.53
广 东	Guangdong	103.10	99.43	103.75	106.15	99.40	102.28
广 西	Guangxi	112.28	100.90	109.77	105.87	96.33	100.35
海 南	Hainan	94.12	97.63	106.37	107.33	100.88	100.88
重 庆	Chongqing	110.03	100.76	98.78	107.65	102.46	102.96
四 川	Sichuan	101.15	102.70	102.54	103.94	100.74	101.31
贵 州	Guizhou	100.32	106.47	105.85	108.89	104.82	108.77
云 南	Yunnan	123.56	114.88	99.77	103.21	99.93	104.41
陕 西	Shaanxi	116.63	106.87	104.75	115.19	103.03	100.55
甘 肃	Gansu	141.16	96.66	112.15	106.34	106.30	98.81
青 海	Qinghai	117.05	96.28	101.27	101.98	114.56	99.81
宁 夏	Ningxia	128.21	99.33	111.4	110.47		
新 疆	Xinjiang	95.37	93.37	91.06	117.85		

2-15 续表 2 continued 2

地　区	Region	棉花 Cotton		生麻 Fiber crops	
		2019	2020	2019	2020
全　国	**National**	**97.81**	**98.53**	**109.79**	**94.24**
北　京	Beijing				
天　津	Tianjin	98.85	107.65		
河　北	Hebei	99.14	101.40		
山　西	Shanxi				
内蒙古	Inner Mongolia				
辽　宁	Liaoning				
吉　林	Jilin				
黑龙江	Heilongjiang				
上　海	Shanghai				
江　苏	Jiangsu	91.30	115.40		
浙　江	Zhejiang				
安　徽	Anhui	96.95	96.40	118.52	92.67
福　建	Fujian				
江　西	Jiangxi	102.41	89.12	133.92	90.86
山　东	Shandong	100.05	103.74		
河　南	Henan				
湖　北	Hubei	94.11	99.37		
湖　南	Hunan	103.17	90.41		
广　东	Guangdong				
广　西	Guangxi			100.00	97.10
海　南	Hainan				
重　庆	Chongqing				
四　川	Sichuan			107.07	100.65
贵　州	Guizhou				
云　南	Yunnan				
陕　西	Shaanxi	97.44	121.05		
甘　肃	Gansu	85.71	120.37		
青　海	Qinghai				
宁　夏	Ningxia				
新　疆	Xinjiang	82.99	118.07	101.61	94.51

2-15 续表 3 continued 3

地 区	Region	糖料 Sugar Crops		未加工烟草 Tobacco	
		2019	2020	2019	2020
全 国	**National**	**97.70**	**103.11**	**101.78**	**100.28**
北 京	Beijing				
天 津	Tianjin				
河 北	Hebei				
山 西	Shanxi				
内 蒙 古	Inner Mongolia	98.13	102.86		
辽 宁	Liaoning			110.56	97.24
吉 林	Jilin			106.09	98.33
黑 龙 江	Heilongjiang				
上 海	Shanghai				
江 苏	Jiangsu				
浙 江	Zhejiang				
安 徽	Anhui			100.06	
福 建	Fujian			104.80	97.29
江 西	Jiangxi			105.00	102.78
山 东	Shandong			100.69	122.31
河 南	Henan			97.73	97.60
湖 北	Hubei			102.47	100.31
湖 南	Hunan			104.71	101.32
广 东	Guangdong	93.55	104.99	102.81	101.83
广 西	Guangxi	98.71	100.00	99.63	98.72
海 南	Hainan	96.39	100.00		
重 庆	Chongqing			104.55	102.18
四 川	Sichuan	102.17	105.44	102.02	99.59
贵 州	Guizhou	94.16	100.00	103.19	102.02
云 南	Yunnan	98.84	98.92	100.90	103.44
陕 西	Shaanxi			104.38	108.22
甘 肃	Gansu	100.00	100.00		
青 海	Qinghai				
宁 夏	Ningxia				
新 疆	Xinjiang	100.00	100.00		

2-15 续表 4 continued 4

地区	Region	蔬菜及食用菌 Vegetables and Edible Mushrooms		水果及坚果 Fruit and Nuts	
		2019	2020	2019	2020
全国	**National**	**100.46**	**104.54**	**103.13**	**95.23**
北京	Beijing	101.52	102.50	97.83	94.71
天津	Tianjin	98.97	117.44	106.85	99.11
河北	Hebei	102.97	125.36	102.10	111.72
山西	Shanxi	102.65	117.90	113.78	87.68
内蒙古	Inner Mongolia	104.04	105.97	101.24	111.48
辽宁	Liaoning	97.50	112.13	94.61	102.47
吉林	Jilin	96.32	109.29	98.88	121.43
黑龙江	Heilongjiang	101.28	116.08	103.37	103.08
上海	Shanghai	102.03	104.30	105.87	96.87
江苏	Jiangsu	104.45	104.21	107.68	99.33
浙江	Zhejiang	105.31	97.01	104.57	99.38
安徽	Anhui	100.46	100.89	97.87	96.34
福建	Fujian	104.33	98.97	112.41	92.77
江西	Jiangxi	107.61	100.04	113.17	96.50
山东	Shandong	112.93	110.89	117.63	105.22
河南	Henan	107.84	105.55	120.82	83.50
湖北	Hubei	102.76	104.44	109.84	85.70
湖南	Hunan	117.44	106.47	117.75	94.77
广东	Guangdong	102.34	100.35	123.99	96.68
广西	Guangxi	105.85	103.99	118.73	85.80
海南	Hainan	107.59	89.42	109.83	100.56
重庆	Chongqing	100.31	112.78	104.87	96.26
四川	Sichuan	106.00	104.30	112.22	98.15
贵州	Guizhou	102.22	100.50	101.93	103.30
云南	Yunnan	99.23	104.06	110.25	85.72
陕西	Shaanxi	112.22	114.17	103.50	107.98
甘肃	Gansu	108.40	110.12	93.01	100.03
青海	Qinghai	105.08	108.02		
宁夏	Ningxia	86.56	120.51	81.86	99.29
新疆	Xinjiang	99.77	106.00	100.89	93.37

2-15 续表 5 continued 5

地 区	Region	稻谷 Rice		小麦 Wheat		玉米 Maize (Corn)	
		2019	2020	2019	2020	2019	2020
全 国	**National**	**96.46**	**100.81**	**100.05**	**100.53**	**102.01**	**107.64**
北 京	Beijing			98.36	100.83	99.18	105.34
天 津	Tianjin			95.65	102.84	98.44	101.40
河 北	Hebei			97.01	103.07	100.57	108.15
山 西	Shanxi			98.52	98.19	109.57	109.59
内 蒙 古	Inner Mongolia	100.40	99.39	98.55	102.78	100.64	111.47
辽 宁	Liaoning	94.43	99.16			104.82	110.65
吉 林	Jilin	94.32	102.79			103.88	113.55
黑 龙 江	Heilongjiang	91.98	89.59			103.62	120.99
上 海	Shanghai	103.36	100.95	94.12			105.00
江 苏	Jiangsu	93.17	103.85	100.07	101.30	100.69	108.59
浙 江	Zhejiang	93.79	102.74			110.59	96.09
安 徽	Anhui	95.12	103.41	102.78	101.80	103.00	112.57
福 建	Fujian	98.83	102.33				
江 西	Jiangxi	96.62	104.52				
山 东	Shandong	90.96	102.36	95.01	102.52	102.68	112.97
河 南	Henan	100.25	104.30	98.69	100.88	101.72	113.64
湖 北	Hubei	101.20	104.93	104.76	106.45	101.48	111.80
湖 南	Hunan	98.96	106.49			97.84	108.65
广 东	Guangdong	98.29	100.47				95.85
广 西	Guangxi	91.29	103.87			102.83	112.68
海 南	Hainan	97.17	104.49			114.74	94.17
重 庆	Chongqing	99.57	100.09			99.40	107.78
四 川	Sichuan	98.28	104.07	102.36	101.08	102.38	100.12
贵 州	Guizhou	104.76	103.70	104.05		103.00	105.57
云 南	Yunnan	103.89	96.51	105.53	105.00	102.76	108.88
陕 西	Shaanxi	92.57	100.52	95.88	99.78	101.45	110.07
甘 肃	Gansu			99.77	98.02	100.54	107.54
青 海	Qinghai			99.39	101.66	101.90	106.12
宁 夏	Ningxia	93.74	116.13	96.85	106.41	99.19	114.83
新 疆	Xinjiang		109.56	100.00	99.16	104.33	115.09

2-15 续表 6 continued 6

地 区	Region	马铃薯 White Potato		甘薯 Sweet Potato	
		2019	2020	2019	2020
全 国	**National**	**107.94**	**105.77**	**100.42**	**97.40**
北 京	Beijing				
天 津	Tianjin				
河 北	Hebei	107.49	129.53		
山 西	Shanxi	111.02	115.54		
内蒙古	Inner Mongolia	122.61	102.57		
辽 宁	Liaoning	120.16	102.09	85.74	96.33
吉 林	Jilin	97.04	100.00		
黑龙江	Heilongjiang	100.38	102.31		
上 海	Shanghai				
江 苏	Jiangsu			104.58	94.85
浙 江	Zhejiang	108.89	107.34	103.96	95.93
安 徽	Anhui	101.49	139.59	99.25	101.18
福 建	Fujian	96.88	113.86		
江 西	Jiangxi	103.73	90.79	105.76	99.30
山 东	Shandong	115.47	98.79	79.59	71.13
河 南	Henan			106.67	90.31
湖 北	Hubei	104.88	108.97	110.31	101.32
湖 南	Hunan	94.03	102.95	117.10	103.08
广 东	Guangdong	106.52	103.74	101.25	103.27
广 西	Guangxi	139.74	116.40	98.48	93.12
海 南	Hainan			101.75	96.77
重 庆	Chongqing	109.79	97.04	110.23	103.42
四 川	Sichuan	102.26	101.11	100.75	103.27
贵 州	Guizhou	100.31	107.54	100.42	98.97
云 南	Yunnan	123.56	114.99		109.33
陕 西	Shaanxi	116.63	106.87		
甘 肃	Gansu	141.16	96.66		
青 海	Qinghai	117.05	96.28		
宁 夏	Ningxia	128.21	99.33		
新 疆	Xinjiang	95.37	93.37		

2-15 续表 7 continued 7

地 区	Region	花生 Peanut		油菜籽 Rapeseed	
		2019	2020	2019	2020
全 国	**National**	**106.25**	**110.50**	**102.08**	**103.05**
北 京	Beijing				
天 津	Tianjin				
河 北	Hebei	106.82	133.33		
山 西	Shanxi				
内蒙古	Inner Mongolia			104.50	
辽 宁	Liaoning	109.98	121.49		
吉 林	Jilin	101.83	110.72		
黑龙江	Heilongjiang				
上 海	Shanghai				
江 苏	Jiangsu	105.34	103.92	104.61	101.20
浙 江	Zhejiang	104.84	92.57	104.31	104.77
安 徽	Anhui	106.64	111.84	100.82	105.43
福 建	Fujian	103.25	102.37		
江 西	Jiangxi	102.51	105.72	105.38	101.88
山 东	Shandong	108.83	112.18		
河 南	Henan	114.63	115.22		
湖 北	Hubei	117.35	100.79	98.93	102.45
湖 南	Hunan			94.46	102.57
广 东	Guangdong	103.75	106.15		
广 西	Guangxi	109.77	105.87		
海 南	Hainan	106.37	107.33		
重 庆	Chongqing			98.78	107.65
四 川	Sichuan	101.84	105.58	102.85	103.21
贵 州	Guizhou	110.91	114.94	105.31	107.89
云 南	Yunnan	104.17	104.75	99.44	104.52
陕 西	Shaanxi	100.00	133.33	99.68	96.80
甘 肃	Gansu			97.67	107.31
青 海	Qinghai			101.27	101.98
宁 夏	Ningxia				
新 疆	Xinjiang				

2-15 续表 8 continued 8

地区	Region	大豆 Soybean		绿豆 Mung Bean		甘蔗 Sugarcane	
		2019	2020	2019	2020	2019	2020
全国	**National**	**100.05**	**105.53**	**104.42**	**104.39**	**97.58**	**103.17**
北京	Beijing						
天津	Tianjin						
河北	Hebei	105.26	113.65				
山西	Shanxi	93.22	116.14				
内蒙古	Inner Mongolia	90.45	114.00	104.27	103.95		
辽宁	Liaoning	98.43	102.64				
吉林	Jilin	101.45	127.35	98.04	106.14		
黑龙江	Heilongjiang	100.30	120.40				
上海	Shanghai	98.60					
江苏	Jiangsu	100.76	108.08				
浙江	Zhejiang		124.98		100.00		
安徽	Anhui	104.06	120.42				
福建	Fujian						
江西	Jiangxi	102.45	104.34	100.00	104.37		
山东	Shandong	99.12	106.44				
河南	Henan	102.79	107.51				
湖北	Hubei	102.65	111.72				
湖南	Hunan	104.30	107.53				
广东	Guangdong	99.40	102.28			93.55	104.99
广西	Guangxi	96.33	100.35			98.71	100.00
海南	Hainan					96.39	100.00
重庆	Chongqing	102.46	102.96				
四川	Sichuan	100.40	101.23	106.25	105.10	102.17	105.44
贵州	Guizhou	104.82	108.77			94.16	100.00
云南	Yunnan	106.19	94.50			98.84	98.92
陕西	Shaanxi	103.49	101.74	92.94	89.47		
甘肃	Gansu	98.34	100.43				
青海	Qinghai						
宁夏	Ningxia						
新疆	Xinjiang						

2-15 续表 9 continued 9

地 区	Region	未去梗烤烟叶 Flue-cured Tobacco		未去梗晒烟叶 Sun-cured Tobacco	
		2019	2020	2019	2020
全 国	**National**	**100.52**	**104.55**	**103.04**	**96.01**
北 京	Beijing				
天 津	Tianjin				
河 北	Hebei				
山 西	Shanxi				
内 蒙 古	Inner Mongolia				
辽 宁	Liaoning	110.56	97.24		
吉 林	Jilin	122.27	100.00	106.09	98.33
黑 龙 江	Heilongjiang				
上 海	Shanghai				
江 苏	Jiangsu				
浙 江	Zhejiang				
安 徽	Anhui	100.06			
福 建	Fujian	104.80	97.29		
江 西	Jiangxi	105.00	102.78		
山 东	Shandong	100.69	122.31		
河 南	Henan	97.73	97.60		
湖 北	Hubei	102.47	100.31		
湖 南	Hunan	104.71	101.32		
广 东	Guangdong	102.81	101.83		
广 西	Guangxi	99.63	98.72		
海 南	Hainan				
重 庆	Chongqing	104.55	102.18		
四 川	Sichuan	102.02	99.59		
贵 州	Guizhou	103.19	102.02		
云 南	Yunnan	100.90	103.44		
陕 西	Shaanxi	105.90	108.22	100.00	
甘 肃	Gansu				
青 海	Qinghai				
宁 夏	Ningxia				
新 疆	Xinjiang				

2-15 续表 10 continued 10

地区	Region	蔬菜 Vegetables		叶菜类 Leaf Vegetables		瓜菜类 Gourd Vegetables	
		2019	2020	2019	2020	2019	2020
全国	**National**	**101.24**	**105.22**	**101.59**	**103.68**	**106.53**	**104.04**
北京	Beijing	102.98	103.26	103.25	100.50	101.41	103.52
天津	Tianjin	98.97	117.44	106.26	106.04	94.22	128.65
河北	Hebei	102.79	126.00	85.14	178.44	118.57	105.95
山西	Shanxi	102.65	117.90	105.27	113.59	120.26	113.84
内蒙古	Inner Mongolia	103.61	105.92	98.08	110.67	95.19	104.45
辽宁	Liaoning	97.36	113.95	83.73	100.68	109.79	89.73
吉林	Jilin	96.99	110.11	97.98	105.84	96.40	105.47
黑龙江	Heilongjiang	103.66	117.17	123.25	119.31		97.27
上海	Shanghai	102.41	105.20	98.76	106.86	126.88	95.95
江苏	Jiangsu	104.54	104.28	103.29	105.12	100.31	108.55
浙江	Zhejiang	106.37	96.45	106.27	98.55	95.83	97.57
安徽	Anhui	100.46	100.97	108.53	87.72	100.27	106.88
福建	Fujian	104.80	101.38	107.81	102.18	104.22	104.12
江西	Jiangxi	108.76	99.54	107.62	99.47	108.52	96.25
山东	Shandong	115.89	112.39	105.56	99.41	115.48	93.08
河南	Henan	109.55	104.61	113.25	117.70	107.69	91.94
湖北	Hubei	103.41	106.42	104.20	97.74	102.80	110.38
湖南	Hunan	117.54	106.49	123.87	104.72	111.63	114.28
广东	Guangdong	102.34	100.35	103.18	98.95	104.75	101.47
广西	Guangxi	106.13	104.15	104.30	101.79	98.55	105.89
海南	Hainan	107.59	89.42	111.86	99.75	94.74	91.51
重庆	Chongqing	100.31	112.78	106.34	89.65	91.83	110.71
四川	Sichuan	106.84	105.06	102.19	107.78	115.07	102.53
贵州	Guizhou	102.29	100.56	100.60	99.72	100.62	98.39
云南	Yunnan	99.15	103.60	96.20	98.19	96.42	91.43
陕西	Shaanxi	113.15	115.22	102.98	109.43	106.96	120.56
甘肃	Gansu	108.40	110.12	99.57	119.01	97.60	99.83
青海	Qinghai	105.08	108.02	105.55	106.41	105.32	99.68
宁夏	Ningxia	86.56	120.51	82.08	123.23	99.20	95.52
新疆	Xinjiang	99.77	106.00	107.23	94.77	124.32	92.55

2-15 续表 11 continued 11

地区	Region	蔬菜 Vegetables 根茎类 Root and Tuber Vegetables 2019	2020	茄果类 Eggplants, Tomato and Chilies, etc. 2019	2020
全国	**National**	**97.28**	**103.35**	**101.97**	**105.80**
北京	Beijing	107.09	99.68	106.14	106.30
天津	Tianjin	80.48	111.06	99.81	116.61
河北	Hebei	86.32	114.99	117.20	109.19
山西	Shanxi	120.16	107.53	104.92	133.09
内蒙古	Inner Mongolia	100.00		113.90	104.31
辽宁	Liaoning			104.03	105.46
吉林	Jilin	113.48	85.57	89.54	111.53
黑龙江	Heilongjiang	89.57	112.31	92.93	121.82
上海	Shanghai	97.15	111.72	108.82	111.92
江苏	Jiangsu	101.66	103.14	104.02	106.31
浙江	Zhejiang	101.55	94.92	106.20	93.47
安徽	Anhui	99.06	81.20	92.42	96.85
福建	Fujian	100.70	111.78	115.76	102.26
江西	Jiangxi	96.60	104.37	116.45	97.99
山东	Shandong	117.98	148.51	108.94	108.38
河南	Henan	79.37	92.84	86.20	115.46
湖北	Hubei	102.70	118.08	100.41	108.44
湖南	Hunan	106.28	105.86	123.22	102.16
广东	Guangdong	92.78	98.48	113.10	94.31
广西	Guangxi	97.93	120.86	114.04	99.51
海南	Hainan			115.61	75.81
重庆	Chongqing	98.32	112.40	108.42	98.15
四川	Sichuan	102.69	106.30	112.58	103.11
贵州	Guizhou	101.07	101.80	104.28	104.36
云南	Yunnan	93.60	114.32	118.67	100.26
陕西	Shaanxi	109.38	108.12	120.96	118.73
甘肃	Gansu	112.24	88.74	125.50	106.38
青海	Qinghai	97.81	104.47	104.58	107.88
宁夏	Ningxia	94.12	115.13	88.46	118.74
新疆	Xinjiang	99.67	110.25	108.87	115.57

2-15 续表 12 continued 12

地　区	Region	蔬菜 Vegetables			
		葱蒜类 Onion and Garlic Vegetables		豆类 Garden Beans	
		2019	2020	2019	2020
全　国	**National**	**105.69**	**100.54**	**102.32**	**102.74**
北　京	Beijing	102.13	108.66	101.61	107.20
天　津	Tianjin	80.85	168.85	101.37	88.49
河　北	Hebei	92.80	101.96	98.07	121.72
山　西	Shanxi	103.70	111.64	107.31	122.97
内蒙古	Inner Mongolia	109.78	101.28	95.28	102.57
辽　宁	Liaoning	99.23	146.84	102.36	96.04
吉　林	Jilin	106.00	108.97	99.61	109.43
黑龙江	Heilongjiang	92.65	130.16	106.14	98.13
上　海	Shanghai	104.91	100.45	104.38	98.77
江　苏	Jiangsu	141.16	90.09	101.43	103.64
浙　江	Zhejiang	105.12	100.14	108.27	101.84
安　徽	Anhui	96.46	96.89	95.65	103.94
福　建	Fujian	114.09	93.37	105.33	100.21
江　西	Jiangxi	108.47	99.71	104.05	98.95
山　东	Shandong	153.99	97.21	123.25	86.20
河　南	Henan	138.45	99.73	104.53	86.67
湖　北	Hubei	98.40	106.16	104.62	96.12
湖　南	Hunan	117.32	105.32	124.83	105.19
广　东	Guangdong	97.06	101.67	105.55	97.67
广　西	Guangxi	104.26	93.65	116.74	99.78
海　南	Hainan	104.95	90.52	112.24	93.12
重　庆	Chongqing			105.57	107.32
四　川	Sichuan	107.77	100.38	100.70	107.26
贵　州	Guizhou	99.46	100.50	108.03	100.79
云　南	Yunnan	122.76	120.25	100.13	102.88
陕　西	Shaanxi	123.67	101.56	133.87	112.52
甘　肃	Gansu	107.19	129.09		
青　海	Qinghai	113.81	112.14	99.77	
宁　夏	Ningxia	103.98	100.34	106.76	
新　疆	Xinjiang	93.95	102.37	89.65	121.93

2-15 续表 13 continued 13

地区	Region	蔬菜 Vegetables 菠菜 Spinach 2019	2020	芹菜 Celery 2019	2020	大白菜 Chinese Cabbage 2019	2020
全国	**National**	**100.23**	**102.38**	**96.92**	**105.07**	**95.00**	**113.58**
北京	Beijing	100.45	100.14	106.51	101.89	92.78	104.04
天津	Tianjin	95.44	90.76	112.10	114.01	118.52	102.43
河北	Hebei	104.84	100.00	61.23	273.68	81.34	143.45
山西	Shanxi	100.38	99.53	88.98	125.99	94.79	96.47
内蒙古	Inner Mongolia	92.31	102.31	91.26	112.66	100.00	108.33
辽宁	Liaoning	72.53	91.43	92.92	92.84	60.61	176.92
吉林	Jilin	103.30	109.04	92.20	113.11	96.88	119.80
黑龙江	Heilongjiang		96.08	127.31	121.90	105.85	89.63
上海	Shanghai	96.23	99.03	97.92	103.78	97.48	116.35
江苏	Jiangsu	102.01	105.69	105.04	106.72	101.12	106.37
浙江	Zhejiang	103.87	108.08	101.87	103.58	104.25	97.79
安徽	Anhui	99.15	87.36	112.61	91.56	111.81	114.89
福建	Fujian	104.04	102.91	107.80	86.47	99.70	111.14
江西	Jiangxi	108.66	102.74	105.52	90.05	108.27	99.50
山东	Shandong	105.98	87.34	105.42	112.39	101.88	128.04
河南	Henan	78.79	144.71	112.51	104.55	77.50	108.91
湖北	Hubei	107.82	94.22	104.14	97.77	103.36	113.62
湖南	Hunan	118.85	106.25	124.87	102.46	118.54	108.54
广东	Guangdong	95.82	99.60	107.10	101.70	111.02	107.50
广西	Guangxi	107.73	107.94	77.80	74.63	113.79	97.16
海南	Hainan		106.35		106.83		
重庆	Chongqing					105.62	129.84
四川	Sichuan	102.51	106.25	99.34	109.65	105.18	108.88
贵州	Guizhou	102.78	95.16	101.49	101.60	101.10	100.80
云南	Yunnan	91.02	99.53	106.48	109.28	104.04	105.45
陕西	Shaanxi	106.11	114.06	98.47	105.38	85.78	117.18
甘肃	Gansu	101.20	104.26	101.99	126.01	92.38	109.95
青海	Qinghai	106.81	112.96	100.00	100.00	97.97	100.61
宁夏	Ningxia			82.08	123.23	74.84	137.63
新疆	Xinjiang	130.83	99.70	108.83	89.79	77.94	128.93

2-15 续表 14 continued 14

地 区	Region	蔬菜 Vegetables					
		结球甘蓝 Wild Cabbage		花椰菜 Cauliflower		油菜 Cole	
		2019	2020	2019	2020	2019	2020
全 国	**National**	**91.98**	**112.02**	**105.77**	**107.08**	**104.70**	**103.18**
北 京	Beijing	101.67	101.31			100.97	99.17
天 津	Tianjin	101.70	97.91	103.60		112.05	118.46
河 北	Hebei	75.66	192.44				
山 西	Shanxi					113.59	111.20
内 蒙 古	Inner Mongolia	100.00	104.45			104.60	107.72
辽 宁	Liaoning						
吉 林	Jilin	85.27	117.34			104.92	90.20
黑 龙 江	Heilongjiang						101.47
上 海	Shanghai	101.54	111.92	96.32	104.38	98.74	108.88
江 苏	Jiangsu	102.23	98.03	100.61	99.40	103.48	103.04
浙 江	Zhejiang	111.57	94.47	88.26	90.64	110.08	94.69
安 徽	Anhui	93.41	104.86	102.17	115.79	127.03	185.05
福 建	Fujian	109.91	94.24	92.04	77.01	104.24	99.61
江 西	Jiangxi	109.31	94.73	99.58	127.73	97.56	100.79
山 东	Shandong	77.33	129.23	90.46	127.03	104.72	109.05
河 南	Henan						
湖 北	Hubei	103.45	116.96	121.03	93.77	106.78	
湖 南	Hunan	113.89	99.56	131.79	100.69		
广 东	Guangdong	99.44	106.18	96.85	110.26	104.12	95.30
广 西	Guangxi					103.63	105.32
海 南	Hainan						
重 庆	Chongqing	89.23	182.78				
四 川	Sichuan	96.83	108.68	104.10	103.18	104.61	110.15
贵 州	Guizhou	101.97	101.76	101.15	95.65	100.98	99.57
云 南	Yunnan		100.34		104.14		
陕 西	Shaanxi	92.59	105.76	112.27	113.91	104.43	112.57
甘 肃	Gansu		123.89			110.18	125.87
青 海	Qinghai	93.33	159.58			105.74	102.52
宁 夏	Ningxia						
新 疆	Xinjiang				91.43		97.32

2-15 续表 15 continued 15

地 区	Region	蔬菜 Vegetables			
		黄瓜 Cucumber		冬瓜 White Gourd	
		2019	2020	2019	2020
全 国	**National**	**107.20**	**104.07**	**105.41**	**104.74**
北 京	Beijing	101.67	104.32	101.74	94.34
天 津	Tianjin	97.10	132.50	159.87	79.92
河 北	Hebei	121.39	105.54		
山 西	Shanxi	120.26	113.84		
内蒙古	Inner Mongolia	93.94	104.73		
辽 宁	Liaoning	109.79	89.73		
吉 林	Jilin	96.40	105.56		
黑龙江	Heilongjiang		97.30		
上 海	Shanghai	130.07	94.66	95.35	107.52
江 苏	Jiangsu	102.89	107.45	99.18	102.68
浙 江	Zhejiang	100.26	95.31	108.70	102.68
安 徽	Anhui	100.07	106.25	101.95	118.09
福 建	Fujian	108.17	106.60	106.30	104.82
江 西	Jiangxi	106.36	95.12	121.08	101.15
山 东	Shandong	113.46	96.18	78.97	105.33
河 南	Henan	112.24	94.14	109.99	87.71
湖 北	Hubei	101.26	110.40	105.40	110.61
湖 南	Hunan	108.98	118.82	127.69	122.53
广 东	Guangdong	107.91	98.53	98.34	106.92
广 西	Guangxi	99.76	117.16	99.36	115.38
海 南	Hainan	96.08	88.20	86.96	108.43
重 庆	Chongqing	92.81	111.69		
四 川	Sichuan	126.00	100.40	107.75	104.19
贵 州	Guizhou	98.20	98.73	106.49	100.41
云 南	Yunnan	121.48	98.25	169.57	76.27
陕 西	Shaanxi	106.80	120.30	126.07	133.05
甘 肃	Gansu	102.59	95.65		
青 海	Qinghai	107.50	97.70		
宁 夏	Ningxia	103.24	107.89		
新 疆	Xinjiang	108.92	104.54	128.40	100.00

2-15 续表 16 continued 16

地 区	Region	蔬菜 Vegetables					
		白萝卜 White Radish		胡萝卜 Carrot		生姜 Ginger	
		2019	2020	2019	2020	2019	2020
全 国	**National**	**97.11**	**102.72**	**94.12**	**100.00**	**108.19**	**126.21**
北 京	Beijing	102.39	99.40	109.37	99.85		
天 津	Tianjin			67.88	139.78		
河 北	Hebei	86.32	114.99				
山 西	Shanxi	110.72	92.55	113.36	106.54		
内 蒙 古	Inner Mongolia			100.00			
辽 宁	Liaoning						
吉 林	Jilin			100.00	100.00		
黑 龙 江	Heilongjiang			73.18	119.23		
上 海	Shanghai	99.12	116.08	88.74	109.09		
江 苏	Jiangsu	102.59	101.85				
浙 江	Zhejiang	100.54	89.32		89.69		84.38
安 徽	Anhui	125.68	65.49	94.81			94.40
福 建	Fujian	107.78	101.02	91.73	101.22	94.40	184.45
江 西	Jiangxi	91.99	105.35	104.86	101.47	104.16	106.22
山 东	Shandong	111.89	90.85	116.46	84.76	118.30	153.54
河 南	Henan	79.37	99.18		83.33		
湖 北	Hubei	101.65	113.51	96.00	136.08		
湖 南	Hunan	110.86	104.52	108.37	108.26	97.85	146.52
广 东	Guangdong	96.84	109.47	89.03	94.72	90.81	117.01
广 西	Guangxi	100.62	120.86			93.75	
海 南	Hainan						
重 庆	Chongqing	96.06	110.74				
四 川	Sichuan	103.39	107.74	104.61	102.07	103.37	104.89
贵 州	Guizhou	102.19	101.53	93.25	102.88	102.78	104.26
云 南	Yunnan	93.46	124.77	73.85	96.15	129.33	196.90
陕 西	Shaanxi	102.44	89.30	102.67	95.96	124.18	183.99
甘 肃	Gansu	120.21	107.26	107.14			
青 海	Qinghai	101.59	103.35	80.13	108.33		
宁 夏	Ningxia	90.27	118.73	104.88	105.06		
新 疆	Xinjiang	110.11	104.98	88.83	109.18		

2-15 续表 17 continued 17

地区	Region	蔬菜 Vegetables					
		茄子 Eggplant		西红柿 Tomato		辣椒 Chili	
		2019	2020	2019	2020	2019	2020
全国	**National**	**102.62**	**103.49**	**97.49**	**110.84**	**97.10**	**99.61**
北京	Beijing	105.38	101.59	102.19	108.02	102.43	97.12
天津	Tianjin	87.64	107.20	101.34	124.14	107.69	
河北	Hebei	90.52	109.76	88.43	109.44		
山西	Shanxi	84.53	113.14	99.34	139.07		
内蒙古	Inner Mongolia	99.48	101.29	105.34	105.14	96.10	102.93
辽宁	Liaoning	116.13	102.99	92.73	97.79	94.54	121.00
吉林	Jilin	88.60	123.29	117.14	109.70	99.93	92.75
黑龙江	Heilongjiang	116.22	96.00	131.14	129.93	140.00	96.82
上海	Shanghai	128.57	99.03	99.09	119.09	115.06	126.17
江苏	Jiangsu	103.97	104.00	97.03	108.15	104.84	110.97
浙江	Zhejiang	110.01	97.62	89.93	95.81	110.78	98.83
安徽	Anhui	92.80	91.94	88.72	101.98	85.23	101.49
福建	Fujian	112.16	93.18	92.58	98.69		
江西	Jiangxi	106.79	94.31	102.36	115.67	126.21	97.99
山东	Shandong	91.32	107.98	94.92	107.69	106.38	112.44
							100.36
河南	Henan	108.90	131.69	112.69	115.67	36.13	104.38
湖北	Hubei	103.58	108.28	96.30	104.72	93.32	104.28
湖南	Hunan	98.69	106.52			118.47	102.37
广东	Guangdong	101.32	98.30	99.72	102.64	127.17	87.58
广西	Guangxi	100.19	101.23	91.01	95.91	109.87	107.76
海南	Hainan	104.45	94.29	102.06	110.97	115.25	58.29
重庆	Chongqing	113.99	98.13	106.98	109.77	113.05	91.32
四川	Sichuan	109.83	107.19	75.89	108.88	107.45	94.88
贵州	Guizhou	92.60	102.19	98.96	102.19	105.40	105.13
云南	Yunnan	112.31	101.79	125.03	119.97	140.11	87.28
陕西	Shaanxi	115.08	118.64	97.28	133.12	131.29	105.65
甘肃	Gansu			86.03	122.97	142.84	78.56
青海	Qinghai	80.25	200.00	101.29	104.25		
宁夏	Ningxia			107.98	124.31	98.25	110.23
新疆	Xinjiang	120.61	105.21	102.34	114.66	102.16	101.21

2-15 续表 18 continued 18

地　区	Region	蔬菜 Vegetables					
		大葱 Scallion		蒜苔 Garlic Stalk		蒜头 Garlic Head	
		2019	2020	2019	2020	2019	2020
全　国	**National**	**92.83**	**107.22**	**118.12**	**103.74**	**123.09**	**102.02**
北　京	Beijing	97.88	107.22	108.02	108.74		
天　津	Tianjin	77.13	111.78				
河　北	Hebei	79.71	187.50			104.18	97.63
山　西	Shanxi	103.70	106.72				
内蒙古	Inner Mongolia		111.64		100.00		
辽　宁	Liaoning	103.45	184.44				
吉　林	Jilin	115.55	124.00				
黑龙江	Heilongjiang	92.65	130.16				102.56
上　海	Shanghai						
江　苏	Jiangsu	103.01	96.47			263.64	
浙　江	Zhejiang	76.73	104.19		99.39		
安　徽	Anhui	82.37	122.33		98.69	99.08	
福　建	Fujian					162.90	
江　西	Jiangxi	102.26	104.04	112.90	97.92	100.57	105.86
山　东	Shandong	95.43	122.97				
河　南	Henan	96.50	185.12	140.68	96.74		
湖　北	Hubei	85.27	112.86	100.00	122.73		100.00
湖　南	Hunan	171.43					
广　东	Guangdong						
广　西	Guangxi						
海　南	Hainan						
重　庆	Chongqing						
四　川	Sichuan	108.82	99.13	113.51	99.13		
贵　州	Guizhou	96.35	102.42	100.04	102.42	100.00	89.20
云　南	Yunnan	102.55	114.19	138.26	114.19	154.17	126.47
陕　西	Shaanxi	120.87	100.25	170.50	100.25		
甘　肃	Gansu	97.10	109.02	150.34	109.02		
青　海	Qinghai	105.93	128.79	70.92	128.79		
宁　夏	Ningxia	100.00					
新　疆	Xinjiang						

2-15 续表 19 continued 19

地 区	Region	食用菌 Edible Mushrooms		香菇(干品) Shiitake Mushroom (Dried)	
		2019	2020	2019	2020
全 国	**National**	**95.87**	**100.51**	**101.48**	**99.10**
北 京	Beijing	92.19	97.64		
天 津	Tianjin				
河 北	Hebei	106.90	111.42	112.81	111.33
山 西	Shanxi				
内蒙古	Inner Mongolia	114.52	107.29		
辽 宁	Liaoning	98.58	97.89	100.29	97.80
吉 林	Jilin	95.42	98.49		
黑龙江	Heilongjiang	67.11	100.40	100.46	
上 海	Shanghai	98.64	96.23		
江 苏	Jiangsu	101.78	101.87	102.15	92.18
浙 江	Zhejiang	94.17	98.75	99.50	84.23
安 徽	Anhui	100.58	98.32	100.70	102.91
福 建	Fujian	103.33	93.66	106.86	94.87
江 西	Jiangxi	94.65	105.60	94.56	102.40
山 东	Shandong	93.72	101.17	102.09	98.60
河 南	Henan	100.16	109.77	101.21	107.28
湖 北	Hubei	100.98	98.98	101.27	98.57
湖 南	Hunan	104.01	104.33	97.27	97.83
广 东	Guangdong				
广 西	Guangxi	100.60	100.98		
海 南	Hainan				
重 庆	Chongqing				
四 川	Sichuan	101.34	100.08	103.12	101.88
贵 州	Guizhou	100.00	98.36		
云 南	Yunnan	119.79	115.96		
陕 西	Shaanxi	96.18	96.17	102.55	100.18
甘 肃	Gansu				
青 海	Qinghai				
宁 夏	Ningxia				
新 疆	Xinjiang				

2-15 续表 20 continued 20

地 区	Region	食用菌 Edible Mushrooms 金针菇 Needle Mushroom 2019	2020	黑木耳(干品) Black Edible Fungus (Dried) 2019	2020	花卉 Flowers 康乃馨 Carnation 2019	2020
全 国	**National**	**93.86**	**100.42**	**94.27**	**99.34**	**110.00**	**87.64**
北 京	Beijing	78.23		102.16		100.00	
天 津	Tianjin						
河 北	Hebei						
山 西	Shanxi						
内蒙古	Inner Mongolia						
辽 宁	Liaoning			97.37	97.96		
吉 林	Jilin			95.28	98.04		
黑龙江	Heilongjiang			66.73	100.40		
上 海	Shanghai	99.91	102.59				
江 苏	Jiangsu	99.51	100.00				
浙 江	Zhejiang	91.77	112.68	87.88	91.00		
安 徽	Anhui						
福 建	Fujian	113.61	76.18	105.82	112.63		
江 西	Jiangxi	94.59	151.28	100.00	95.38		
山 东	Shandong	94.88	93.03				
河 南	Henan						
湖 北	Hubei			100.00	100.00		
湖 南	Hunan	105.60	107.34				
广 东	Guangdong						
广 西	Guangxi			89.11			
海 南	Hainan						
重 庆	Chongqing						
四 川	Sichuan	101.72	96.52	101.77	102.48		
贵 州	Guizhou						
云 南	Yunnan					123.68	87.85
陕 西	Shaanxi						
甘 肃	Gansu						
青 海	Qinghai						
宁 夏	Ningxia						
新 疆	Xinjiang						

2-15 续表 21 continued 21

地区	Region	水果 Fruit		苹果 Apple Fruit	
		2019	2020	2019	2020
全国	**National**	**103.64**	**95.29**	**108.02**	**88.76**
北京	Beijing	93.03	94.97	85.50	104.78
天津	Tianjin	106.85	99.11	102.78	81.20
河北	Hebei	102.50	113.12	113.53	96.09
山西	Shanxi	113.94	87.58	115.87	83.65
内蒙古	Inner Mongolia	101.24	111.48		
辽宁	Liaoning	96.52	101.97	79.87	101.77
吉林	Jilin	98.88	121.43	98.51	79.95
黑龙江	Heilongjiang	103.37	103.08		
上海	Shanghai	105.87	96.87		
江苏	Jiangsu	107.68	99.33	122.66	99.67
浙江	Zhejiang	105.29	101.20		
安徽	Anhui	97.78	100.00		
福建	Fujian	112.41	92.77		
江西	Jiangxi	113.17	96.50		
山东	Shandong	117.95	105.50	113.72	83.21
河南	Henan	126.52	85.39	121.67	84.78
湖北	Hubei	111.20	82.16		
湖南	Hunan	117.75	94.77		
广东	Guangdong	123.99	96.68		
广西	Guangxi	118.73	85.80		
海南	Hainan	115.40	91.55		
重庆	Chongqing	104.87	96.26		
四川	Sichuan	113.66	97.79		
贵州	Guizhou	103.01	105.69		
云南	Yunnan	116.00	90.38	117.50	79.87
陕西	Shaanxi	103.50	107.98	116.82	108.09
甘肃	Gansu	93.27	100.08	93.00	94.02
青海	Qinghai				
宁夏	Ningxia	81.86	99.29	74.45	94.10
新疆	Xinjiang	106.95	89.51	93.99	89.91

2-15 续表 22 continued 22

地 区	Region	水果 Fruit			
		梨 Pear Fruit		柑橘类 Citrus Fruit	
		2019	2020	2019	2020
全 国	**National**	**102.26**	**103.70**	**104.74**	**88.32**
北 京	Beijing	100.00			
天 津	Tianjin	100.74	148.66		
河 北	Hebei	99.03	133.48		
山 西	Shanxi	138.50	78.03		
内 蒙 古	Inner Mongolia				
辽 宁	Liaoning	87.64	135.04		
吉 林	Jilin	56.67	148.24		
黑 龙 江	Heilongjiang	85.71	105.56		
上 海	Shanghai	99.89	100.33	165.16	37.89
江 苏	Jiangsu				
浙 江	Zhejiang	101.38	96.35	108.01	102.56
安 徽	Anhui	78.34	118.93	106.19	
福 建	Fujian			98.91	87.92
江 西	Jiangxi	142.39	88.26	116.24	84.90
山 东	Shandong		101.78		
河 南	Henan	119.52	171.15		
湖 北	Hubei	57.00	100.00	114.01	74.45
湖 南	Hunan	86.71	99.20	128.47	100.78
广 东	Guangdong	125.00		100.77	95.67
广 西	Guangxi			84.61	79.95
海 南	Hainan			93.75	133.33
重 庆	Chongqing	109.22	95.08	104.60	96.14
四 川	Sichuan	107.65	88.42	111.80	100.72
贵 州	Guizhou		88.80	103.03	105.72
云 南	Yunnan	189.77	85.45	111.62	88.18
陕 西	Shaanxi	62.52	126.31		
甘 肃	Gansu	87.43	122.29		
青 海	Qinghai				
宁 夏	Ningxia				
新 疆	Xinjiang	140.48	72.25		

2-15 续表 23 continued 23

地区	Region	水果 Fruit 红富士苹果 Fuji apple 2019	2020	雪花梨 Snowflake Pear 2019	2020
全国	**National**	**109.46**	**89.46**	**110.97**	**111.40**
北京	Beijing	85.50	104.78	100.00	
天津	Tianjin	102.84	81.07	87.13	151.82
河北	Hebei	113.53	96.09	136.36	123.37
山西	Shanxi	115.87	83.65		
内蒙古	Inner Mongolia				
辽宁	Liaoning	76.25	106.12		
吉林	Jilin				
黑龙江	Heilongjiang				
上海	Shanghai				
江苏	Jiangsu	127.42	99.56		
浙江	Zhejiang				
安徽	Anhui				
福建	Fujian				
江西	Jiangxi				
山东	Shandong	113.72	83.21		
河南	Henan	126.47	89.44		
湖北	Hubei				
湖南	Hunan				
广东	Guangdong				
广西	Guangxi				
海南	Hainan				
重庆	Chongqing				
四川	Sichuan			100.00	86.35
贵州	Guizhou				
云南	Yunnan		81.42		
陕西	Shaanxi	118.15	101.19	83.33	84.91
甘肃	Gansu	96.42	84.15		
青海	Qinghai				
宁夏	Ningxia	73.88	89.05		
新疆	Xinjiang	93.99	89.91		

2-15 续表 24 continued 24

地 区	Region	水果 Fruit			
		酥梨 Soft-pear		西瓜 Watermelon	
		2019	2020	2019	2020
全 国	**National**	**115.90**	**86.76**	**94.00**	**98.93**
北 京	Beijing			96.23	95.63
天 津	Tianjin	110.48	98.72	132.89	64.52
河 北	Hebei				
山 西	Shanxi	138.50	78.03	100.64	96.41
内蒙古	Inner Mongolia			101.20	111.67
辽 宁	Liaoning	117.65		114.42	91.33
吉 林	Jilin			86.15	109.57
黑龙江	Heilongjiang				103.45
上 海	Shanghai			110.28	101.48
江 苏	Jiangsu			109.12	93.31
浙 江	Zhejiang			100.50	102.46
安 徽	Anhui	79.17	120.00	103.43	79.34
福 建	Fujian			99.12	93.52
江 西	Jiangxi			107.25	115.53
山 东	Shandong			144.76	92.11
河 南	Henan	119.52	171.15	141.11	83.46
湖 北	Hubei			103.53	98.67
湖 南	Hunan	93.28	116.91	105.00	78.86
广 东	Guangdong			100.00	87.94
广 西	Guangxi			117.83	66.59
海 南	Hainan			112.63	113.18
重 庆	Chongqing			104.93	100.91
四 川	Sichuan			117.03	102.91
贵 州	Guizhou				109.39
云 南	Yunnan			85.71	142.67
陕 西	Shaanxi	62.18	126.93	108.46	103.59
甘 肃	Gansu	78.82	122.29	95.18	83.81
青 海	Qinghai				
宁 夏	Ningxia			83.18	115.38
新 疆	Xinjiang			82.98	102.28

2-15 续表 25　　continued 25

地区	Region	水果 Fruit			
		香蕉 Banana		葡萄 Grape Fruit	
		2019	2020	2019	2020
全国	**National**	**97.12**	**89.63**	**104.68**	**101.43**
北京	Beijing			106.98	97.71
天津	Tianjin			89.38	118.66
河北	Hebei				
山西	Shanxi				
内蒙古	Inner Mongolia				
辽宁	Liaoning			119.82	85.86
吉林	Jilin			126.09	106.68
黑龙江	Heilongjiang			104.13	99.71
上海	Shanghai			106.09	99.14
江苏	Jiangsu			101.39	100.17
浙江	Zhejiang			86.48	104.37
安徽	Anhui			109.14	92.02
福建	Fujian	81.93	105.18	99.42	116.56
江西	Jiangxi			126.39	108.52
山东	Shandong			93.47	90.44
河南	Henan				
湖北	Hubei			98.68	96.20
湖南	Hunan			106.39	88.85
广东	Guangdong	108.25	90.44	102.00	99.00
广西	Guangxi	107.48	84.85	102.16	101.70
海南	Hainan	111.74	82.12		
重庆	Chongqing			98.93	100.70
四川	Sichuan			106.96	93.62
贵州	Guizhou				96.59
云南	Yunnan	106.74	88.43	114.03	103.16
陕西	Shaanxi			73.85	118.67
甘肃	Gansu				
青海	Qinghai				
宁夏	Ningxia			86.67	106.40
新疆	Xinjiang			119.86	87.13

2-15 续表 26 continued 26

地 区	Region	食用坚果 Nuts		核桃 Walnut		板栗 Chinese Chestnut	
		2019	2020	2019	2020	2019	2020
全 国	**National**	**90.98**	**93.85**	**86.20**	**92.80**	**101.14**	**95.43**
北 京	Beijing	107.11	92.78	94.21	101.21	120.00	84.36
天 津	Tianjin						
河 北	Hebei	93.48	81.22	88.39	90.87	96.75	75.02
山 西	Shanxi	89.83	103.01	89.83	103.01		
内 蒙 古	Inner Mongolia						
辽 宁	Liaoning	77.23	96.61			65.07	115.73
吉 林	Jilin						
黑 龙 江	Heilongjiang						
上 海	Shanghai						
江 苏	Jiangsu						
浙 江	Zhejiang	97.02	86.47			98.53	80.99
安 徽	Anhui	98.16	95.71			97.76	98.49
福 建	Fujian						
江 西	Jiangxi						
山 东	Shandong	92.52	82.62	81.83	88.36	133.50	60.61
河 南	Henan	90.00	73.28	90.00	73.28		
湖 北	Hubei	104.30	100.11	101.33	90.91	104.41	100.46
湖 南	Hunan						
广 东	Guangdong						
广 西	Guangxi						
海 南	Hainan	77.48	152.84				
重 庆	Chongqing						
四 川	Sichuan	98.32	101.59	97.58	103.32	103.34	89.83
贵 州	Guizhou	95.68	89.43	93.10	84.05	100.75	100.00
云 南	Yunnan	78.69	70.78	78.69	68.22		84.20
陕 西	Shaanxi						
甘 肃	Gansu	81.19	97.55	81.19	97.55		
青 海	Qinghai						
宁 夏	Ningxia						
新 疆	Xinjiang	85.69	105.47	85.71	106.34		

2-15 续表 27 continued 27

地 区	Region	茶叶 Tea 2019	茶叶 Tea 2020	红茶 Black Tea 2019	红茶 Black Tea 2020	绿茶 Green Tea 2019	绿茶 Green Tea 2020
全 国	**National**	**102.74**	**97.39**	**100.63**	**98.52**	**103.09**	**96.88**
北 京	Beijing						
天 津	Tianjin						
河 北	Hebei						
山 西	Shanxi						
内蒙古	Inner Mongolia						
辽 宁	Liaoning						
吉 林	Jilin						
黑龙江	Heilongjiang						
上 海	Shanghai						
江 苏	Jiangsu	100.26	93.69	100.53	90.72	100.07	97.27
浙 江	Zhejiang	102.99	92.05			101.79	90.81
安 徽	Anhui	100.28	100.45	100.85	98.87	100.26	100.52
福 建	Fujian	96.76	99.24	100.29	102.54	104.14	90.91
江 西	Jiangxi	102.92	101.43	100.03	99.75	103.03	101.49
山 东	Shandong	98.78	78.69			98.78	78.69
河 南	Henan	115.15	101.07			115.15	101.07
湖 北	Hubei	106.17	93.05			106.17	93.05
湖 南	Hunan	112.77	102.95			113.06	102.93
广 东	Guangdong	102.21	99.82	104.01	99.98	101.57	100.79
广 西	Guangxi	105.39	95.93	100.00	84.27	106.47	99.34
海 南	Hainan						
重 庆	Chongqing	98.42	94.23			98.42	94.23
四 川	Sichuan	107.21	102.08			107.21	102.08
贵 州	Guizhou	105.74	98.66			105.74	98.66
云 南	Yunnan	101.36	100.31		104.08	101.36	101.69
陕 西	Shaanxi	105.95	96.97			105.95	96.97
甘 肃	Gansu						
青 海	Qinghai						
宁 夏	Ningxia						
新 疆	Xinjiang						

2-16 各地区林业产品生产者价格分类指数
Producer Price Indices of Forestry Products by Region and Category

(上年=100) (preceding year=100)

地区	Region	林业产品 Forestry Products		木材采伐产品 Products of Felling Wood		原木 Log	
		2019	2020	2019	2020	2019	2020
全国	**National**	**100.10**	**100.66**	**102.94**	**99.11**	**102.94**	**99.11**
北京	Beijing						
天津	Tianjin						
河北	Hebei	90.62	94.88				
山西	Shanxi	150.00	103.52				
内蒙古	Inner Mongolia	101.48	88.76	102.97	84.83	102.97	84.83
辽宁	Liaoning	97.24	100.00	97.24	100.00	97.24	100.00
吉林	Jilin	99.45	100.27	100.00	100.00	100.00	100.00
黑龙江	Heilongjiang	102.49	100.65	102.49	100.65	102.49	100.65
上海	Shanghai	100.21	101.83				
江苏	Jiangsu	104.78	102.78	105.59	107.85	105.59	107.85
浙江	Zhejiang	100.30	100.45	100.14	99.90	100.14	99.90
安徽	Anhui	102.71	102.87	102.29	104.08	102.29	104.08
福建	Fujian	103.23	89.13	99.96	92.39	104.28	88.22
江西	Jiangxi	100.99	90.95	100.88	89.71	100.88	89.71
山东	Shandong	100.31	104.78	100.31	104.78	100.31	104.78
河南	Henan	102.30	96.28				
湖北	Hubei	101.79	106.09	101.71	109.73		
湖南	Hunan	101.20	94.10	95.33	93.64	95.33	93.64
广东	Guangdong	98.00	99.50	99.91	98.38	99.78	96.51
广西	Guangxi	99.89	97.56	100.07	97.46	100.07	97.46
海南	Hainan	91.56	104.36	101.40	96.98	100.96	97.70
重庆	Chongqing	97.23	100.12				
四川	Sichuan	101.67	98.40	100.00	96.28	100.00	96.28
贵州	Guizhou	100.86	98.53	99.54	97.89	99.54	97.89
云南	Yunnan	93.13	99.01	101.96	93.65	101.96	93.65
陕西	Shaanxi	97.96	93.16				
甘肃	Gansu						
青海	Qinghai						
宁夏	Ningxia						
新疆	Xinjiang	96.22	90.93	96.22	90.93	96.22	90.93

2-16 续表 1 continued 1

地　区	Region	竹材采伐产品 Products of Felling Bamboo		竹　材 Bamboo Wood	
		2019	2020	2019	2020
全　国	**National**	**101.53**	**99.44**	**101.53**	**99.44**
北　京	Beijing				
天　津	Tianjin				
河　北	Hebei				
山　西	Shanxi				
内蒙古	Inner Mongolia				
辽　宁	Liaoning				
吉　林	Jilin				
黑龙江	Heilongjiang				
上　海	Shanghai				
江　苏	Jiangsu	100.00	96.00	100.00	96.00
浙　江	Zhejiang	99.99	93.04	99.99	93.04
安　徽	Anhui	99.35	98.75	99.35	98.75
福　建	Fujian	104.29	95.39	104.29	95.39
江　西	Jiangxi	101.61	97.89	101.61	97.89
山　东	Shandong				
河　南	Henan				
湖　北	Hubei	100.01	100.87	100.01	100.87
湖　南	Hunan	102.12	94.63	102.12	94.63
广　东	Guangdong	100.14	96.05	100.14	96.05
广　西	Guangxi	101.35	99.56	101.35	99.56
海　南	Hainan	101.34	101.59	101.34	101.59
重　庆	Chongqing		100.72		100.72
四　川	Sichuan	103.19	99.97	103.19	99.97
贵　州	Guizhou	103.79	100.93	103.79	100.93
云　南	Yunnan	101.22	100.40	101.22	98.98
陕　西	Shaanxi				
甘　肃	Gansu				
青　海	Qinghai				
宁　夏	Ningxia				
新　疆	Xinjiang				

2-16 续表 2 continued 2

地 区	Region	胶脂和非直接食用果实类 Ruber, Resin and Nonedible Seeds		天然橡胶 Natural rubber		油桐籽 Seeds of Tung Oil Tree	
		2019	2020	2019	2020	2019	2020
全 国	**National**	**92.44**	**107.19**	**93.14**	**108.81**	**103.23**	**101.55**
北 京	Beijing						
天 津	Tianjin						
河 北	Hebei						
山 西	Shanxi						
内 蒙 古	Inner Mongolia						
辽 宁	Liaoning						
吉 林	Jilin						
黑 龙 江	Heilongjiang						
上 海	Shanghai						
江 苏	Jiangsu						
浙 江	Zhejiang	104.79	109.64				
安 徽	Anhui	103.50	104.21			90.50	
福 建	Fujian	105.07	86.18				
江 西	Jiangxi	102.29	105.75				
山 东	Shandong						
河 南	Henan						
湖 北	Hubei						
湖 南	Hunan	107.91	94.37				
广 东	Guangdong	91.18	99.42	89.94	109.00		
广 西	Guangxi	101.69	98.95			135.71	
海 南	Hainan	91.01	104.81	91.01	104.81		
重 庆	Chongqing	97.23	100.00			97.23	100.00
四 川	Sichuan	101.67	101.09				
贵 州	Guizhou	102.27	101.24				
云 南	Yunnan	90.38	99.92		106.93		95.45
陕 西	Shaanxi						
甘 肃	Gansu						
青 海	Qinghai						
宁 夏	Ningxia						
新 疆	Xinjiang						

2-17 各地区饲养动物及其产品生产者价格分类指数
Producer Price Indices of Raised Animals and Related Products by Region and Category

(上年=100)　　(preceding year=100)

地区	Region	饲养动物及其产品 Raised Animals and Related Products		活牲畜 Livestock Raising	
		2019	2020	2019	2020
全　国	**National**	**133.47**	**132.38**	**144.17**	**147.99**
北　京	Beijing	123.34	124.60	139.70	149.62
天　津	Tianjin	124.66	128.03	137.67	156.94
河　北	Hebei	118.77	110.81	136.60	138.26
山　西	Shanxi	128.10	116.78	144.77	139.54
内蒙古	Inner Mongolia	110.37	115.91	117.40	126.10
辽　宁	Liaoning	116.75	109.22	122.82	127.99
吉　林	Jilin	131.78	132.90	142.03	149.01
黑龙江	Heilongjiang	141.09	129.93	151.48	141.28
上　海	Shanghai	126.72	129.06	147.36	156.91
江　苏	Jiangsu	125.77	116.64	148.14	149.08
浙　江	Zhejiang	140.27	138.21	153.45	153.89
安　徽	Anhui	136.20	129.32	150.84	145.30
福　建	Fujian	128.79	119.69	154.97	151.85
江　西	Jiangxi	140.99	135.50	148.66	148.54
山　东	Shandong	132.17	115.16	156.41	141.86
河　南	Henan	148.41	137.42	157.94	150.75
湖　北	Hubei	132.10	155.91	140.03	175.32
湖　南	Hunan	139.76	151.70	143.32	158.73
广　东	Guangdong	121.00	119.47	140.48	157.89
广　西	Guangxi	139.56	147.09	149.49	168.02
海　南	Hainan	136.09	134.40	149.76	158.70
重　庆	Chongqing	133.66	130.48	147.59	147.47
四　川	Sichuan	128.04	128.80	139.75	146.84
贵　州	Guizhou	126.65	138.32	128.00	140.45
云　南	Yunnan	127.56	157.38	129.80	165.48
陕　西	Shaanxi	115.45	121.22	122.16	135.80
甘　肃	Gansu	121.13	116.16	127.26	123.39
青　海	Qinghai	114.96	121.64	115.72	122.95
宁　夏	Ningxia	115.75	116.19	121.02	126.88
新　疆	Xinjiang	114.37	115.64	114.66	121.10

2-17 续表 1 continued 1

地 区	Region	活家禽 Live Poultry		畜禽产品 Livestock and Poultry Products	
		2019	2020	2019	2020
全 国	**National**	**107.81**	**92.90**	**102.85**	**89.39**
北 京	Beijing	101.36	98.93	103.02	90.83
天 津	Tianjin	110.93	84.75	103.43	85.56
河 北	Hebei	114.72	81.09	96.44	81.16
山 西	Shanxi	105.08	92.52	109.71	90.44
内蒙古	Inner Mongolia	95.66	99.78	102.65	104.07
辽 宁	Liaoning	112.64	90.86	106.34	82.56
吉 林	Jilin	106.46	92.47	100.39	84.55
黑龙江	Heilongjiang	108.60	84.28	105.54	95.26
上 海	Shanghai	104.08	96.64	104.14	99.03
江 苏	Jiangsu	107.59	87.84	101.12	85.31
浙 江	Zhejiang	104.56	94.74	102.86	94.31
安 徽	Anhui	110.63	94.89	101.95	83.13
福 建	Fujian	110.38	96.99	95.32	90.68
江 西	Jiangxi	104.15	97.86	103.61	90.04
山 东	Shandong	105.54	87.56	105.12	81.28
河 南	Henan	106.89	78.73	106.23	78.81
湖 北	Hubei	106.84	89.98	102.92	86.83
湖 南	Hunan	110.10	89.02	99.43	88.51
广 东	Guangdong	109.31	89.00	95.70	88.66
广 西	Guangxi	112.39	81.38	104.18	85.04
海 南	Hainan	111.31	90.25	110.18	90.28
重 庆	Chongqing	106.14	97.87	102.02	89.63
四 川	Sichuan	106.54	94.75	106.34	96.66
贵 州	Guizhou	105.56	105.86	104.57	97.08
云 南	Yunnan	108.78	97.02	104.79	89.02
陕 西	Shaanxi	112.37	115.75	103.93	96.04
甘 肃	Gansu	109.47	97.34	104.34	96.50
青 海	Qinghai	111.01	98.12	102.90	100.86
宁 夏	Ningxia	110.82	96.48	108.23	103.78
新 疆	Xinjiang	108.67	90.45	113.82	95.82

2-17 续表 2 continued 2

地区	Region	生猪 Hog		活牛 Live Cattle		活羊 Live Sheep	
		2019	2020	2019	2020	2019	2020
全国	**National**	**150.52**	**155.73**	**112.49**	**110.51**	**114.30**	**110.37**
北京	Beijing	149.78	162.88	106.86	109.01	113.15	110.42
天津	Tianjin	146.11	169.87	107.22	115.29	113.48	108.58
河北	Hebei	148.94	154.16	110.06	107.80	115.73	108.45
山西	Shanxi	161.52	157.50	108.65	110.59	118.93	105.29
内蒙古	Inner Mongolia	129.91	149.27	100.65	108.37	113.77	108.94
辽宁	Liaoning	129.23	132.39	109.10	115.50	111.86	107.02
吉林	Jilin	155.30	163.49	110.81	118.17	118.74	107.29
黑龙江	Heilongjiang	159.58	147.27	111.98	124.15	137.34	119.02
上海	Shanghai	150.24	161.29			114.07	106.24
江苏	Jiangsu	151.88	152.53	113.29	109.97	113.71	103.39
浙江	Zhejiang	154.42	155.15			112.68	107.84
安徽	Anhui	158.53	153.26	109.54	110.32	122.32	102.50
福建	Fujian	154.97	151.85				
江西	Jiangxi	150.11	152.00	112.87	101.75		
山东	Shandong	162.65	146.29	111.95	113.80	114.68	106.85
河南	Henan	162.38	160.40	121.69	107.49	118.61	105.01
湖北	Hubei	141.87	178.44	112.78	115.77	112.33	111.61
湖南	Hunan	149.58	166.85	112.91	122.48	116.60	119.33
广东	Guangdong	137.16	157.89				
广西	Guangxi	152.79	173.98	119.28	109.47	117.27	114.62
海南	Hainan	157.15	168.26	107.87	103.60	103.34	100.92
重庆	Chongqing	155.52	157.53	112.66	113.37	124.59	109.36
四川	Sichuan	143.30	152.03	111.46	108.39	114.65	107.45
贵州	Guizhou	129.27	142.11	105.41	107.05	108.74	108.98
云南	Yunnan	131.65	187.52	114.26	120.16	108.35	106.47
陕西	Shaanxi	123.46	144.03	114.86	109.96	106.40	104.44
甘肃	Gansu	139.32	135.84	105.30	106.87	117.85	110.14
青海	Qinghai	128.11	139.15	107.24	110.30	112.08	110.82
宁夏	Ningxia	151.88	163.71	108.99	116.12	109.82	108.83
新疆	Xinjiang	140.68	169.90	106.39	103.22	110.34	117.61

2-17 续表 3 continued 3

地 区	Region	活鸡 Live Chicken		活鸭 Live Duck		活鹅 Live Goose	
		2019	2020	2019	2020	2019	2020
全 国	**National**	**107.90**	**93.33**	**107.20**	**91.69**	**108.28**	**92.81**
北 京	Beijing	101.67	97.73	100.68	101.55		
天 津	Tianjin	110.93	84.75				
河 北	Hebei	114.72	81.09				
山 西	Shanxi	105.08	92.52				
内蒙古	Inner Mongolia	95.66	99.78				
辽 宁	Liaoning	113.35	87.24	110.42	102.25		
吉 林	Jilin	106.73	92.49		80.24	101.91	94.79
黑龙江	Heilongjiang	108.60	84.28				
上 海	Shanghai	104.56	99.12				
江 苏	Jiangsu	108.89	87.85	104.21	84.96	104.96	92.79
浙 江	Zhejiang	104.01	94.70	106.33	94.86		
安 徽	Anhui	110.35	94.81	113.61	93.07	115.38	108.15
福 建	Fujian	110.47	97.99	110.12	93.92		
江 西	Jiangxi	104.31	92.84	104.00	102.85		
山 东	Shandong	108.24	93.78	103.66	83.21		
河 南	Henan	109.02	78.73	88.20			
湖 北	Hubei	112.29	93.45	99.78	85.49		
湖 南	Hunan	114.30	96.96	107.32	83.78		
广 东	Guangdong	108.78	92.02	107.52	89.29	111.96	74.85
广 西	Guangxi	113.14	81.14	109.60	82.29		
海 南	Hainan	109.53	91.38	116.66	86.58	110.82	91.34
重 庆	Chongqing	105.20	97.32	107.45	101.40		
四 川	Sichuan	107.46	98.11	104.87	88.65		
贵 州	Guizhou	105.56	105.86				
云 南	Yunnan	109.22	97.93	106.96	88.29		
陕 西	Shaanxi	112.55	115.83	74.74	98.35		
甘 肃	Gansu	109.47	97.34				
青 海	Qinghai	111.01	98.12				
宁 夏	Ningxia	110.82	96.48				
新 疆	Xinjiang	107.33	89.88	142.87	104.88		

2-17 续表 4 continued 4

地 区	Region	鸡蛋 Hen's Egg		鸭蛋 Duck's Egg	
		2019	2020	2019	2020
全 国	**National**	**104.28**	**85.11**	**96.64**	**87.89**
北 京	Beijing	102.34	81.39		
天 津	Tianjin	105.74	73.12		
河 北	Hebei	95.01	74.49		
山 西	Shanxi	106.02	78.35		
内 蒙 古	Inner Mongolia	104.96	87.05		
辽 宁	Liaoning	106.75	75.99	95.86	104.76
吉 林	Jilin	100.17	83.10	100.00	99.87
黑 龙 江	Heilongjiang	102.82	84.23		
上 海	Shanghai	110.01	79.27	93.99	97.29
江 苏	Jiangsu	104.77	84.94	97.67	82.40
浙 江	Zhejiang	98.94	92.05	101.06	88.17
安 徽	Anhui	104.29	83.23	95.76	81.11
福 建	Fujian	96.93	93.63	92.50	86.41
江 西	Jiangxi	105.96	87.79	102.12	91.47
山 东	Shandong	105.18	80.16		
河 南	Henan	106.09	76.14		
湖 北	Hubei	104.38	85.99	87.25	81.10
湖 南	Hunan	96.73	85.99	101.64	90.58
广 东	Guangdong	99.73	94.66	85.85	73.99
广 西	Guangxi	99.96	88.34	112.33	100.00
海 南	Hainan	112.37	92.52	105.14	85.13
重 庆	Chongqing	102.02	89.63		
四 川	Sichuan	107.72	96.35		
贵 州	Guizhou	104.57	95.84		103.41
云 南	Yunnan	107.99	83.96	100.00	
陕 西	Shaanxi	99.65	92.12		
甘 肃	Gansu	113.21	87.14		
青 海	Qinghai	101.12	83.46		
宁 夏	Ningxia	108.45	77.72		
新 疆	Xinjiang	116.47	88.14		

2-17 续表 5 continued 5

地 区	Region	生牛奶 Cow Milk		山羊毛 Goat's Wool		绵羊毛 Sheep's Wool	
		2019	2020	2019	2020	2019	2020
全 国	**National**	**105.64**	**101.51**	**102.00**	**98.09**	**73.27**	**110.13**
北 京	Beijing	103.84	102.32				
天 津	Tianjin	101.53	95.78				
河 北	Hebei	103.55	102.63			62.07	96.20
山 西	Shanxi	114.62	105.54	104.29	94.79		
内 蒙 古	Inner Mongolia	102.54	108.91	110.73	87.19	63.80	140.72
辽 宁	Liaoning	102.57	98.66	123.43	93.33	119.00	
吉 林	Jilin	103.54	93.89				
黑 龙 江	Heilongjiang	106.21	100.87			132.28	61.50
上 海	Shanghai	103.88	101.95				
江 苏	Jiangsu	105.50	101.64				
浙 江	Zhejiang	104.71	100.42				
安 徽	Anhui						
福 建	Fujian						
江 西	Jiangxi						
山 东	Shandong	104.11	98.91				
河 南	Henan	107.55	103.02				
湖 北	Hubei	107.55	99.17				
湖 南	Hunan						
广 东	Guangdong						
广 西	Guangxi						
海 南	Hainan						
重 庆	Chongqing						
四 川	Sichuan	100.00	100.10			112.57	97.25
贵 州	Guizhou						
云 南	Yunnan	102.59	97.73				
陕 西	Shaanxi	113.28	106.23	106.47	66.79		
甘 肃	Gansu	106.07	104.17	113.33	132.59	80.89	97.79
青 海	Qinghai	103.01	101.05				116.67
宁 夏	Ningxia	109.69	105.76	103.45	81.80	50.38	93.90
新 疆	Xinjiang	107.78	103.29	126.56	65.00		79.06

2-18 各地区渔业产品生产者价格分类指数
Producer Price Indices of Fishery Products by Region and Category

(上年=100) (preceding year=100)

地区	Region	渔业产品 Fishery Products 2019	2020	海水养殖产品 Marine Aquacultural Fish 2019	2020	海水捕捞产品 Marine Fishing Products 2019	2020
全国	**National**	**99.35**	**100.16**	**97.19**	**96.26**	**100.64**	**99.63**
北京	Beijing	99.59	98.14				
天津	Tianjin	102.27	99.73	105.86	75.66		
河北	Hebei	100.69	106.02				
山西	Shanxi	106.25	95.65				
内蒙古	Inner Mongolia	101.94	107.42				
辽宁	Liaoning	100.45	97.16	104.10	96.22		
吉林	Jilin	96.97	109.63				
黑龙江	Heilongjiang	105.33	112.82				
上海	Shanghai	96.71	103.19			91.54	103.66
江苏	Jiangsu	102.65	101.85	127.55	115.26	102.55	99.87
浙江	Zhejiang	102.23	101.50	102.71	99.91	103.28	102.33
安徽	Anhui	100.22	103.35				
福建	Fujian	98.35	95.77	97.60	94.16	101.24	104.98
江西	Jiangxi	99.05	99.31				
山东	Shandong	101.26	101.82	102.18	98.32	102.76	105.04
河南	Henan	95.76	106.61				
湖北	Hubei	99.30	108.77				
湖南	Hunan	101.08	103.13				
广东	Guangdong	102.11	99.18	103.54	97.32	105.18	101.23
广西	Guangxi	101.15	96.30	101.15	93.16	102.18	96.65
海南	Hainan	100.07	99.82	95.25	98.82	105.51	101.57
重庆	Chongqing	101.42	106.59				
四川	Sichuan	102.40	104.59				
贵州	Guizhou	107.46	99.18				
云南	Yunnan	100.34	98.36				
陕西	Shaanxi	96.12	104.17				
甘肃	Gansu	101.21	91.82				
青海	Qinghai	88.00	100.00				
宁夏	Ningxia	91.80	105.42				
新疆	Xinjiang	102.48	101.93				

2-18 续表 1 continued 1

地 区	Region	淡水养殖产品 Freshwater Aquacultural Products		海水养殖鱼 Marine Aquacultural Fish	
		2019	2020	2019	2020
全 国	**National**	**99.76**	**102.03**	**97.63**	**90.99**
北 京	Beijing	99.59	98.14		
天 津	Tianjin	101.53	104.73		
河 北	Hebei	100.69	106.02		
山 西	Shanxi	106.25	95.65		
内 蒙 古	Inner Mongolia	103.17	105.84		
辽 宁	Liaoning	93.72	98.89	106.22	88.09
吉 林	Jilin	96.97	109.63		
黑 龙 江	Heilongjiang	105.33	112.82		
上 海	Shanghai	100.66	102.83		
江 苏	Jiangsu	99.53	100.90		
浙 江	Zhejiang	100.04	100.72		100.00
安 徽	Anhui	100.22	103.35		
福 建	Fujian	98.29	91.06	91.61	94.49
江 西	Jiangxi	99.05	99.31		
山 东	Shandong	96.90	106.15	108.72	81.30
河 南	Henan	95.76	106.61		
湖 北	Hubei	99.30	108.77		
湖 南	Hunan	101.08	103.13		
广 东	Guangdong	100.39	98.50	105.12	99.30
广 西	Guangxi	100.72	98.24		
海 南	Hainan	98.98	98.07	88.88	86.30
重 庆	Chongqing	101.42	106.59		
四 川	Sichuan	102.40	104.59		
贵 州	Guizhou	107.46	99.18		
云 南	Yunnan	100.34	98.36		
陕 西	Shaanxi	96.12	104.17		
甘 肃	Gansu	101.21	91.82		
青 海	Qinghai	88.00	100.00		
宁 夏	Ningxia	91.80	105.42		
新 疆	Xinjiang	102.48	101.93		

2-18 续表 2 continued 2

地 区	Region	海水养殖虾 Marine Aquacultural Shrimps		海水养殖蟹 Marine Aquacultural Crabs		海水养殖贝类 Marine Aquacultural Shellfish	
		2019	2020	2019	2020	2019	2020
全 国	**National**	**97.03**	**99.09**	**96.52**	**93.59**	**95.54**	**112.20**
北 京	Beijing						
天 津	Tianjin	105.86	75.66				
河 北	Hebei						
山 西	Shanxi						
内蒙古	Inner Mongolia						
辽 宁	Liaoning	96.78	105.77			105.23	96.48
吉 林	Jilin						
黑龙江	Heilongjiang						
上 海	Shanghai						
江 苏	Jiangsu		104.95			129.22	118.85
浙 江	Zhejiang	97.56	96.81	105.84	104.07	103.55	99.33
安 徽	Anhui						
福 建	Fujian	95.92	87.51	96.58	94.05	97.05	93.88
江 西	Jiangxi						
山 东	Shandong	75.49	103.08			104.73	105.02
河 南	Henan						
湖 北	Hubei						
湖 南	Hunan						
广 东	Guangdong	99.07	99.59	112.23	100.26	102.43	95.93
广 西	Guangxi	103.78	80.58	100.95	100.47	99.29	101.12
海 南	Hainan	96.00	98.68			90.43	102.12
重 庆	Chongqing						
四 川	Sichuan						
贵 州	Guizhou						
云 南	Yunnan						
陕 西	Shaanxi						
甘 肃	Gansu						
青 海	Qinghai						
宁 夏	Ningxia						
新 疆	Xinjiang						

2-18 续表 3 continued 3

地 区	Region	海水捕捞鲜鱼 Marine Fishing Fish		大黄鱼 Large Yellow Croaker	
		2019	2020	2019	2020
全 国	**National**	**102.73**	**99.06**	**103.66**	**94.45**
北 京	Beijing				
天 津	Tianjin				
河 北	Hebei				
山 西	Shanxi				
内蒙古	Inner Mongolia				
辽 宁	Liaoning				
吉 林	Jilin				
黑龙江	Heilongjiang				
上 海	Shanghai	92.23	110.66		
江 苏	Jiangsu	102.08	98.52		
浙 江	Zhejiang	105.22	102.93		
安 徽	Anhui				
福 建	Fujian	99.93	106.54		
江 西	Jiangxi				
山 东	Shandong	103.28	103.91		
河 南	Henan				
湖 北	Hubei				
湖 南	Hunan				
广 东	Guangdong	105.65	100.50		
广 西	Guangxi	101.44	93.45		
海 南	Hainan	106.42	102.39		
重 庆	Chongqing				
四 川	Sichuan				
贵 州	Guizhou				
云 南	Yunnan				
陕 西	Shaanxi				
甘 肃	Gansu				
青 海	Qinghai				
宁 夏	Ningxia				
新 疆	Xinjiang				

2-18 续表 4 continued 4

地 区	Region	海水捕捞鲜鱼 Marine fishing fish			
		小黄鱼 Small Yellow Croaker		带鱼 Hairtail	
		2019	2020	2019	2020
全 国	**National**	**104.52**	**102.84**	**100.00**	**99.88**
北 京	Beijing				
天 津	Tianjin				
河 北	Hebei				
山 西	Shanxi				
内蒙古	Inner Mongolia				
辽 宁	Liaoning				
吉 林	Jilin				
黑龙江	Heilongjiang				
上 海	Shanghai				
江 苏	Jiangsu	101.89	100.51	99.65	96.74
浙 江	Zhejiang	106.78	104.32	104.61	104.72
安 徽	Anhui				
福 建	Fujian	115.99	92.39	104.70	98.05
江 西	Jiangxi				
山 东	Shandong	95.60	111.85	93.89	100.68
河 南	Henan				
湖 北	Hubei				
湖 南	Hunan				
广 东	Guangdong	112.31	110.86	102.61	103.99
广 西	Guangxi			91.45	97.74
海 南	Hainan	106.97	97.57	101.96	98.82
重 庆	Chongqing				
四 川	Sichuan				
贵 州	Guizhou				
云 南	Yunnan				
陕 西	Shaanxi				
甘 肃	Gansu				
青 海	Qinghai				
宁 夏	Ningxia				
新 疆	Xinjiang				

2-18 续表 5 continued 5

地 区	Region	海水捕捞虾 Marine Fishing Shrimps		中国对虾 Chinese Prawn	
		2019	2020	2019	2020
全 国	**National**	**98.89**	**96.04**	**94.11**	**88.74**
北 京	Beijing				
天 津	Tianjin				
河 北	Hebei				
山 西	Shanxi				
内蒙古	Inner Mongolia				
辽 宁	Liaoning				
吉 林	Jilin				
黑龙江	Heilongjiang				
上 海	Shanghai	101.04	95.51		
江 苏	Jiangsu				
浙 江	Zhejiang	104.78	105.19	102.94	
安 徽	Anhui				
福 建	Fujian	101.14	102.52		
江 西	Jiangxi				
山 东	Shandong	102.05	103.74	100.55	96.79
河 南	Henan				
湖 北	Hubei				
湖 南	Hunan				
广 东	Guangdong	105.02	105.75		
广 西	Guangxi	102.46	90.56		
海 南	Hainan	103.00	99.60		
重 庆	Chongqing				
四 川	Sichuan				
贵 州	Guizhou				
云 南	Yunnan				
陕 西	Shaanxi				
甘 肃	Gansu				
青 海	Qinghai				
宁 夏	Ningxia				
新 疆	Xinjiang				

2-18 续表 6 continued 6

地 区	Region	海水捕捞蟹 Marine Fishing Crabs		梭子蟹 Swimming Crab	
		2019	2020	2019	2020
全 国	**National**	**103.72**	**105.95**	**103.72**	**105.95**
北 京	Beijing				
天 津	Tianjin				
河 北	Hebei				
山 西	Shanxi				
内 蒙 古	Inner Mongolia				
辽 宁	Liaoning				
吉 林	Jilin				
黑 龙 江	Heilongjiang				
上 海	Shanghai	103.82	133.38	104.15	136.98
江 苏	Jiangsu	102.94	102.01	102.94	102.01
浙 江	Zhejiang	96.77	99.03	96.51	102.06
安 徽	Anhui				
福 建	Fujian	103.49	109.65	103.49	109.65
江 西	Jiangxi				
山 东	Shandong	108.44	104.06	108.44	104.06
河 南	Henan				
湖 北	Hubei				
湖 南	Hunan				
广 东	Guangdong	103.57	105.50		
广 西	Guangxi	103.96	103.75		
海 南	Hainan	105.67	99.31	102.67	100.31
重 庆	Chongqing				
四 川	Sichuan				
贵 州	Guizhou				
云 南	Yunnan				
陕 西	Shaanxi				
甘 肃	Gansu				
青 海	Qinghai				
宁 夏	Ningxia				
新 疆	Xinjiang				

2-18 续表 7 continued 7

地 区	Region	养殖淡水鱼 Freshwater Aquacultural Fish		养殖淡水鲤鱼 Carp	
		2019	2020	2019	2020
全 国	**National**	**100.10**	**103.29**	**100.65**	**100.46**
北 京	Beijing	99.59	98.14	91.42	94.10
天 津	Tianjin	94.99	113.97	92.58	111.76
河 北	Hebei	100.69	106.02	101.32	107.39
山 西	Shanxi	106.25	95.65		
内 蒙 古	Inner Mongolia	103.17	105.84	105.21	113.21
辽 宁	Liaoning	102.98	97.11	101.45	94.27
吉 林	Jilin	96.97	109.63	105.57	98.02
黑 龙 江	Heilongjiang	105.33	112.82	111.19	88.25
上 海	Shanghai	97.69	104.03		100.00
江 苏	Jiangsu	99.36	110.24	99.80	100.76
浙 江	Zhejiang	99.14	103.45	100.00	97.45
安 徽	Anhui	103.18	103.69	101.99	107.58
福 建	Fujian	97.65	91.06	98.18	106.39
江 西	Jiangxi	99.23	99.37	99.72	107.31
山 东	Shandong	96.90	106.15	96.37	99.79
河 南	Henan	95.76	106.61	79.21	107.66
湖 北	Hubei	99.63	111.27	99.86	107.14
湖 南	Hunan	101.70	103.48	99.79	92.70
广 东	Guangdong	99.43	101.50	101.99	100.87
广 西	Guangxi	102.63	99.04	103.87	95.76
海 南	Hainan	98.98	98.07		
重 庆	Chongqing	101.42	106.59		
四 川	Sichuan	102.40	104.59	106.03	102.92
贵 州	Guizhou	107.46	99.18	107.35	97.96
云 南	Yunnan	100.34	98.36	98.64	84.28
陕 西	Shaanxi	96.12	104.17	95.95	105.65
甘 肃	Gansu	101.21	91.82	100.84	97.31
青 海	Qinghai	88.00	100.00		
宁 夏	Ningxia	91.80	105.42	92.54	101.12
新 疆	Xinjiang	102.48	101.93	101.81	102.71

2-18 续表 8 continued 8

地 区	Region	养殖淡水鱼 Freshwater Aquacultural Fish			
		养殖淡水草鱼 Grass Carp		养殖淡水鲢鱼 Silver Carp	
		2019	2020	2019	2020
全 国	**National**	**98.98**	**104.30**	**100.86**	**103.93**
北 京	Beijing	100.30	99.76	103.11	97.25
天 津	Tianjin	92.06	109.78	93.31	108.39
河 北	Hebei	98.79	101.88		
山 西	Shanxi			96.09	92.58
内 蒙 古	Inner Mongolia	103.85		98.90	100.00
辽 宁	Liaoning	102.14	107.13	97.68	92.64
吉 林	Jilin	95.55	101.54	101.17	97.33
黑 龙 江	Heilongjiang			99.80	112.50
上 海	Shanghai	92.00	106.23	99.50	103.46
江 苏	Jiangsu	95.83	109.49	102.27	108.55
浙 江	Zhejiang	100.67	98.09	100.44	108.02
安 徽	Anhui	103.09	104.56	102.02	100.06
福 建	Fujian	96.30	107.33	94.94	108.31
江 西	Jiangxi	96.43	97.37	100.57	92.27
山 东	Shandong	90.45	115.36	94.39	114.38
河 南	Henan	93.28	101.51	106.61	107.14
湖 北	Hubei	96.51	109.44	102.86	116.20
湖 南	Hunan	99.36	95.41	105.53	102.48
广 东	Guangdong	91.38	105.92	100.35	100.55
广 西	Guangxi	97.88	104.19	102.88	102.94
海 南	Hainan				
重 庆	Chongqing	100.99	108.16	105.70	108.04
四 川	Sichuan	101.88	103.67	102.53	105.37
贵 州	Guizhou	109.72	104.00	101.85	101.31
云 南	Yunnan	99.70	111.72	99.08	96.89
陕 西	Shaanxi	96.28	102.78		
甘 肃	Gansu				
青 海	Qinghai				
宁 夏	Ningxia	88.78	109.61	96.33	107.05
新 疆	Xinjiang	111.48	101.22	99.94	97.16

2-18 续表 9 continued 9

地 区	Region	淡水养殖虾 Freshwater Aquacultural Shrimps		淡水养殖蟹 Freshwater Aquacultural Crabs	
		2019	2020	2019	2020
全 国	**National**	**102.87**	**94.30**	**92.63**	**99.40**
北 京	Beijing				
天 津	Tianjin	112.31	89.51		
河 北	Hebei				
山 西	Shanxi				
内 蒙 古	Inner Mongolia				
辽 宁	Liaoning			84.52	100.66
吉 林	Jilin				
黑 龙 江	Heilongjiang				
上 海	Shanghai	105.01	101.24	101.47	108.57
江 苏	Jiangsu	103.82	98.72	95.09	89.57
浙 江	Zhejiang	102.89	95.23	101.73	110.43
安 徽	Anhui	99.62	98.02	74.17	92.28
福 建	Fujian	102.38	91.02		
江 西	Jiangxi	82.00	124.95	98.32	103.00
山 东	Shandong				
河 南	Henan				
湖 北	Hubei	96.83	98.00	99.02	94.63
湖 南	Hunan			83.32	93.06
广 东	Guangdong	104.03	87.12		
广 西	Guangxi				
海 南	Hainan				
重 庆	Chongqing				
四 川	Sichuan				
贵 州	Guizhou				
云 南	Yunnan				
陕 西	Shaanxi				
甘 肃	Gansu				
青 海	Qinghai				
宁 夏	Ningxia				
新 疆	Xinjiang				

3

农产品集贸市场价格

Prices of Agricultural Products at the Rural Market Fairs

3-1 全国农产品集贸市场年度价格
Annual RMF Prices of Agricultural Products

单位：元/公斤(yuan/kg)

品种	Categories	2000	2005	2010	2018	2019	2020
籼稻	Long-grained nonglutinous rice	1.01	1.50	2.13	2.81	2.76	2.84
粳稻	Medium to short-grained nonglutinous rice	1.27	1.78	2.57	3.21	3.13	3.17
小麦	Wheat	1.02	1.51	2.07	2.58	2.57	2.66
玉米	Maize (Corn)	0.88	1.30	2.05	1.99	2.01	2.24
大豆	Soybean	2.53	3.59	5.19	5.99	6.02	6.57
籼米	Polished long-grained nonglutinous rice		2.51	3.48	5.02	5.04	5.10
粳米	Polished medium to short-grained nonglutinous rice		2.94	4.24	5.56	5.57	5.60
棉花	Cotton (Unginned cotton)	3.33	5.09	7.66	7.10	7.00	6.87
花生仁	Peanut kernel		6.59	10.02	11.95	12.49	13.88
油菜籽	Rapeseed		2.67	4.20	5.34	5.39	5.58
活猪	Hog	5.51	8.05	11.49	13.03	21.32	33.60
仔猪	Piglet	7.16	12.35	15.43	26.52	43.83	82.95
猪肉	Pork	9.68	13.39	18.93	21.90	33.86	51.46
牛肉	Beef	12.53	17.35	33.17	64.30	72.08	82.90
羊肉	Mutton	14.55	18.17	36.26	63.64	72.49	80.34
活鸡	Live chicken		10.46	13.80	19.16	21.28	20.89
鸡蛋	Hen's egg	4.98	6.61	8.61	10.10	10.78	9.14
草鱼	Grass carp	7.25	9.43	12.96	16.55	15.86	16.27
鲤鱼	Carp	7.73	8.67	11.03	14.03	13.87	14.13
鲢鱼	Silver carp		7.36	9.23	11.37	11.58	12.14
带鱼	Hairtail		10.50	15.33	27.35	28.50	30.68
大白菜	Chinese cabbage		1.19	2.16	2.77	2.68	3.28
黄瓜	Cucumber		2.31	3.73	5.64	6.12	6.34
西红柿	Tomato		2.39	4.08	6.01	6.54	7.28
菜椒	Green bell		2.88	4.50	6.99	7.05	7.91
四季豆	Kidney bean		3.10	5.51	9.19	9.77	10.86
红富士苹果	Fuji apple		3.49	6.72	9.61	12.34	10.04
香蕉	Banana		3.29	4.73	6.43	6.49	6.24
橙子	Orange		3.27	5.09	10.20	10.97	10.83

3-2 全国农产品集贸市场月度价格(1月份)
Monthly RMF Prices of Agricultural Products in January

单位：元/公斤(yuan/kg)

品种	Categories	2000	2005	2010	2018	2019	2020
籼稻	Long-grained nonglutinous rice	1.10	1.55	1.98	2.86	2.77	2.76
粳稻	Medium to short-grained nonglutinous rice	1.32	1.75	2.28	3.20	3.16	3.14
小麦	Wheat	1.12	1.56	2.01	2.60	2.60	2.58
玉米	Maize (Corn)	0.85	1.31	1.88	1.95	1.98	2.00
大豆	Soybean	2.37	3.74	5.00	6.01	6.01	6.08
籼米	Polished long-grained nonglutinous rice		2.53	3.27	5.01	5.03	5.03
粳米	Polished medium to short-grained nonglutinous rice		2.89	3.90	5.55	5.56	5.53
棉花	Cotton (Unginned cotton)	2.89	4.66	6.40	7.05	6.84	6.79
花生仁	Peanut kernel		6.69	9.55	12.17	11.87	13.15
油菜籽	Rapeseed		2.85	4.05	5.31	5.41	5.39
活猪	Hog	5.51	8.80	11.93	15.19	12.49	34.89
仔猪	Piglet	6.37	13.29	16.18	31.01	23.67	69.72
猪肉	Pork	9.30	14.33	19.49	24.62	21.91	54.09
牛肉	Beef	11.37	16.95	33.21	63.80	68.23	82.23
羊肉	Mutton	14.20	18.40	34.85	62.38	70.16	80.66
活鸡	Live chicken		10.51	13.38	19.29	20.08	22.96
鸡蛋	Hen's egg	4.57	6.78	8.17	10.55	10.41	10.75
草鱼	Grass carp	6.96	9.31	12.35	16.34	16.07	15.88
鲤鱼	Carp	7.23	8.80	10.30	13.59	13.93	14.21
鲢鱼	Silver carp		7.12	8.85	11.15	11.50	11.81
带鱼	Hairtail		10.24	14.20	26.66	28.22	30.45
大白菜	Chinese cabbage		0.72	1.86	2.18	2.13	2.64
黄瓜	Cucumber		2.65	4.63	6.18	8.22	9.88
西红柿	Tomato		2.49	4.62	5.65	8.06	9.28
菜椒	Green bell		3.11	5.10	8.13	7.72	8.69
四季豆	Kidney bean		3.42	6.00	10.85	10.56	14.43
红富士苹果	Fuji apple		3.24	5.72	9.25	10.45	10.05
香蕉	Banana		3.24	3.79	6.19	6.87	6.30
橙子	Orange		3.14	4.18	10.03	10.21	10.82

3-3 全国农产品集贸市场月度价格(2月份)
Monthly RMF Prices of Agricultural Products in February

单位：元/公斤(yuan/kg)

品 种	Categories	2000	2005	2010	2018	2019	2020
籼稻	Long-grained nonglutinous rice	1.08	1.55	1.98	2.86	2.76	2.78
粳稻	Medium to short-grained nonglutinous rice	1.31	1.76	2.40	3.23	3.16	3.11
小麦	Wheat	1.09	1.57	2.01	2.61	2.59	2.65
玉米	Maize (Corn)	0.85	1.31	1.90	1.96	1.98	2.05
大豆	Soybean	2.44	3.71	5.00	6.02	5.98	6.17
籼米	Polished long-grained nonglutinous rice		2.55	3.29	5.02	5.05	5.09
粳米	Polished medium to short-grained nonglutinous rice		2.93	3.96	5.56	5.57	5.53
棉花	Cotton (Unginned cotton)	2.99	4.75	6.52	7.05	7.06	6.95
花生仁	Peanut kernel		6.71	9.72	12.17	11.82	13.33
油菜籽	Rapeseed		2.84	4.12	5.31	5.39	5.52
活猪	Hog	5.46	8.80	11.22	14.16	12.77	36.33
仔猪	Piglet	6.43	13.39	15.49	30.29	25.71	73.83
猪肉	Pork	9.66	14.33	18.87	24.01	21.84	57.97
牛肉	Beef	12.84	17.76	33.90	65.18	68.13	84.37
羊肉	Mutton	15.08	19.16	35.85	63.93	69.59	81.76
活鸡	Live chicken		11.03	13.67	19.75	19.62	22.72
鸡蛋	Hen's egg	5.32	6.86	8.28	10.40	9.35	9.62
草鱼	Grass carp	6.92	9.78	13.04	17.23	15.89	16.53
鲤鱼	Carp	7.29	9.23	10.97	14.42	13.80	14.40
鲢鱼	Silver carp		7.46	9.28	11.59	11.40	12.32
带鱼	Hairtail		10.77	15.08	27.42	27.95	30.74
大白菜	Chinese cabbage		0.98	2.21	2.41	2.26	3.48
黄瓜	Cucumber		3.71	6.05	7.50	8.57	9.02
西红柿	Tomato		2.99	5.24	6.19	8.41	10.65
菜椒	Green bell		3.81	5.68	9.89	8.48	10.15
四季豆	Kidney bean		4.14	7.13	12.71	12.00	14.75
红富士苹果	Fuji apple		3.34	6.07	9.52	10.67	10.31
香蕉	Banana		3.40	4.21	6.69	6.81	6.97
橙子	Orange		3.26	4.57	10.10	10.07	11.05

注：2月份受疫情影响，集贸市场关闭较多，数据做过技术处理。
Note: Due to the impact of the epidemic in February, many rural market fairs were closed, so the data were processed.

3-4 全国农产品集贸市场月度价格(3月份)
Monthly RMF Prices of Agricultural Products in March

单位：元/公斤(yuan/kg)

品种	Categories	2000	2005	2010	2018	2019	2020
籼稻	Long-grained nonglutinous rice	0.99	1.56	2.02	2.86	2.77	2.78
粳稻	Medium to short-grained nonglutinous rice	1.29	1.78	2.46	3.25	3.14	3.10
小麦	Wheat	1.05	1.57	2.03	2.61	2.59	2.64
玉米	Maize (Corn)	0.84	1.32	1.93	2.02	1.97	2.06
大豆	Soybean	2.47	3.71	5.02	6.02	5.98	6.19
籼米	Polished long-grained nonglutinous rice		2.57	3.33	5.04	5.05	5.07
粳米	Polished medium to short-grained nonglutinous rice		2.95	4.01	5.57	5.57	5.54
棉花	Cotton (Unginned cotton)	3.00	4.91	6.52	7.08	7.08	6.93
花生仁	Peanut kernel		6.65	9.71	12.08	11.85	13.53
油菜籽	Rapeseed		2.86	4.04	5.30	5.36	5.53
活猪	Hog	5.47	8.71	9.98	11.96	14.92	34.92
仔猪	Piglet	6.99	13.90	14.46	27.27	32.91	83.55
猪肉	Pork	9.47	14.03	17.32	21.40	23.73	53.62
牛肉	Beef	12.76	17.37	32.80	63.84	67.60	82.44
羊肉	Mutton	14.88	18.39	35.42	62.67	68.88	80.07
活鸡	Live chicken		10.95	13.40	19.03	19.59	21.67
鸡蛋	Hen's egg	5.00	6.49	7.97	9.26	9.18	8.92
草鱼	Grass carp	6.92	9.58	12.74	16.82	15.64	15.86
鲤鱼	Carp	7.42	8.93	10.56	14.19	13.63	13.91
鲢鱼	Silver carp		7.46	9.02	11.35	11.29	11.97
带鱼	Hairtail		10.31	14.87	27.00	27.84	29.99
大白菜	Chinese cabbage		0.95	2.37	2.32	2.68	3.48
黄瓜	Cucumber		3.26	5.01	6.77	7.41	7.03
西红柿	Tomato		2.71	4.76	5.48	8.31	8.54
菜椒	Green bell		3.66	5.30	7.87	9.81	9.05
四季豆	Kidney bean		4.13	7.29	11.42	12.45	12.82
红富士苹果	Fuji apple		3.29	6.11	9.29	10.86	10.17
香蕉	Banana		3.29	4.31	6.40	6.74	7.04
橙子	Orange		3.25	4.70	9.88	9.95	10.70

3-5 全国农产品集贸市场月度价格(4月份)
Monthly RMF Prices of Agricultural Products in April

单位：元/公斤(yuan/kg)

品　　种	Categories	2000	2005	2010	2018	2019	2020
籼　稻	Long-grained nonglutinous rice	1.02	1.56	2.07	2.85	2.77	2.82
粳　稻	Medium to short-grained nonglutinous rice	1.22	1.81	2.50	3.24	3.14	3.16
小　麦	Wheat	1.04	1.58	2.05	2.60	2.59	2.66
玉　米	Maize (Corn)	0.82	1.33	1.99	2.02	1.98	2.12
大　豆	Soybean	2.57	3.67	5.07	6.01	5.99	6.47
籼　米	Polished long-grained nonglutinous rice		2.56	3.37	5.04	5.05	5.08
粳　米	Polished medium to short-grained nonglutinous rice		2.93	4.10	5.57	5.58	5.59
棉　花	Cotton (Unginned cotton)	3.28	4.75	6.62	7.08	7.14	6.85
花生仁	Peanut kernel		6.64	9.78	12.00	12.22	14.20
油菜籽	Rapeseed		2.85	4.12	5.32	5.36	5.53
活　猪	Hog	5.38	8.48	9.68	11.31	14.96	33.02
仔　猪	Piglet	7.00	13.66	13.88	25.98	34.69	86.23
猪　肉	Pork	9.22	13.76	16.64	19.85	24.05	49.85
牛　肉	Beef	12.58	17.08	32.52	63.37	67.64	81.45
羊　肉	Mutton	14.55	17.91	35.24	62.25	68.94	78.80
活　鸡	Live chicken		10.70	13.15	18.86	19.69	20.91
鸡　蛋	Hen's egg	4.87	6.28	7.83	9.29	9.57	8.81
草　鱼	Grass carp	7.19	9.59	12.68	16.70	15.52	15.92
鲤　鱼	Carp	7.76	8.78	10.60	14.02	13.55	13.82
鲢　鱼	Silver carp		7.36	9.06	11.30	11.23	12.02
带　鱼	Hairtail		10.33	14.71	26.90	28.02	30.22
大白菜	Chinese cabbage		1.19	2.79	2.72	3.14	3.67
黄　瓜	Cucumber		2.66	4.24	5.30	5.57	5.37
西红柿	Tomato		2.85	4.89	5.98	7.51	8.42
菜　椒	Green bell		3.95	5.97	7.21	8.25	8.15
四季豆	Kidney bean		3.86	6.73	9.62	10.53	11.54
红富士苹果	Fuji apple		3.23	6.28	9.21	11.49	10.05
香　蕉	Banana		3.22	4.91	6.43	6.75	6.84
橙　子	Orange		3.23	4.85	9.76	10.35	10.70

3-6 全国农产品集贸市场月度价格(5月份)
Monthly RMF Prices of Agricultural Products in May

单位：元/公斤(yuan/kg)

品 种	Categories	2000	2005	2010	2018	2019	2020
籼 稻	Long-grained nonglutinous rice	1.00	1.55	2.11	2.83	2.78	2.84
粳 稻	Medium to short-grained nonglutinous rice	1.23	1.80	2.58	3.22	3.14	3.18
小 麦	Wheat	1.00	1.55	2.06	2.56	2.58	2.64
玉 米	Maize (Corn)	0.84	1.32	2.05	2.01	2.00	2.16
大 豆	Soybean	2.63	3.64	5.15	5.99	6.01	6.54
籼 米	Polished long-grained nonglutinous rice		2.54	3.44	5.02	5.04	5.11
粳 米	Polished medium to short-grained nonglutinous rice		2.93	4.19	5.57	5.57	5.60
棉 花	Cotton (Unginned cotton)	3.40	4.91	6.79	7.12	7.14	6.85
花生仁	Peanut kernel		6.58	9.80	11.92	12.51	14.32
油菜籽	Rapeseed		2.78	4.25	5.30	5.37	5.50
活 猪	Hog	5.27	8.27	9.69	11.06	14.98	29.52
仔 猪	Piglet	7.04	13.66	13.83	24.84	35.34	82.12
猪 肉	Pork	9.20	13.58	16.41	19.03	24.11	45.44
牛 肉	Beef	12.57	17.19	32.65	63.16	68.04	81.03
羊 肉	Mutton	14.52	17.97	35.61	62.25	69.19	78.68
活 鸡	Live chicken		10.78	13.11	18.73	20.14	20.23
鸡 蛋	Hen's egg	4.85	6.62	7.83	9.28	10.45	8.10
草 鱼	Grass carp	7.40	9.61	12.82	16.70	15.63	16.26
鲤 鱼	Carp	8.22	8.76	10.69	14.04	13.70	14.18
鲢 鱼	Silver carp		7.51	9.13	11.38	11.41	12.13
带 鱼	Hairtail		10.37	14.87	27.07	28.27	30.57
大白菜	Chinese cabbage		1.31	2.27	3.04	2.88	2.92
黄 瓜	Cucumber		1.89	3.13	4.46	4.58	4.63
西红柿	Tomato		2.42	4.00	5.12	6.38	5.83
菜 椒	Green bell		2.97	4.94	5.93	7.39	6.48
四季豆	Kidney bean		3.24	5.99	7.60	8.75	9.08
红富士苹果	Fuji apple		3.27	6.53	9.30	13.57	10.06
香 蕉	Banana		3.14	5.20	6.17	6.78	6.51
橙 子	Orange		3.23	5.05	10.06	11.29	10.71

3-7 全国农产品集贸市场月度价格(6月份)
Monthly RMF Prices of Agricultural Products in June

单位：元/公斤(yuan/kg)

品　种	Categories	2000	2005	2010	2018	2019	2020
籼　稻	Long-grained nonglutinous rice	1.00	1.49	2.13	2.82	2.76	2.84
粳　稻	Medium to short-grained nonglutinous rice	1.23	1.80	2.60	3.23	3.12	3.17
小　麦	Wheat	1.00	1.48	2.04	2.53	2.53	2.61
玉　米	Maize (Corn)	0.87	1.31	2.10	2.01	2.03	2.20
大　豆	Soybean	2.64	3.60	5.16	5.97	6.02	6.56
籼　米	Polished long-grained nonglutinous rice		2.51	3.46	5.03	5.04	5.11
粳　米	Polished medium to short-grained nonglutinous rice		2.93	4.23	5.57	5.57	5.60
棉　花	Cotton (Unginned cotton)	3.44	5.02	6.85	7.19	7.20	6.85
花生仁	Peanut kernel		6.56	9.83	11.86	12.59	14.31
油菜籽	Rapeseed		2.55	4.14	5.33	5.40	5.53
活　猪	Hog	5.16	8.08	9.73	11.54	16.45	32.63
仔　猪	Piglet	7.20	13.28	13.73	25.16	37.53	85.86
猪　肉	Pork	9.25	13.45	16.47	19.48	26.08	49.84
牛　肉	Beef	12.39	17.26	32.47	63.23	68.36	81.40
羊　肉	Mutton	14.27	17.87	35.40	62.20	69.81	78.74
活　鸡	Live chicken		10.76	13.13	18.54	20.06	19.82
鸡　蛋	Hen's egg	4.74	6.70	8.02	9.22	9.80	7.90
草　鱼	Grass carp	7.47	9.52	12.97	16.61	15.75	16.40
鲤　鱼	Carp	8.20	8.71	10.87	14.14	13.82	14.27
鲢　鱼	Silver carp		7.46	9.19	11.30	11.50	12.14
带　鱼	Hairtail		10.62	15.28	27.21	28.27	30.62
大白菜	Chinese cabbage		1.31	1.82	3.00	2.75	3.40
黄　瓜	Cucumber		1.30	2.22	3.57	4.07	4.67
西红柿	Tomato		1.64	2.80	4.27	4.74	5.41
菜　椒	Green bell		2.03	3.77	5.22	5.93	6.07
四季豆	Kidney bean		1.95	3.83	6.48	7.82	8.56
红富士苹果	Fuji apple		3.43	6.97	9.30	15.58	10.13
香　蕉	Banana		3.05	5.29	5.89	6.63	6.06
橙　子	Orange		3.27	5.19	9.97	11.74	10.69

3-8　全国农产品集贸市场月度价格(7月份)
Monthly RMF Prices of Agricultural Products in July

单位：元/公斤(yuan/kg)

品　种	Categories	2000	2005	2010	2018	2019	2020
籼　稻	Long-grained nonglutinous rice	0.95	1.48	2.14	2.78	2.75	2.83
粳　稻	Medium to short-grained nonglutinous rice	1.27	1.79	2.61	3.23	3.11	3.17
小　麦	Wheat	0.94	1.46	2.06	2.56	2.54	2.63
玉　米	Maize (Corn)	0.88	1.31	2.12	2.01	2.05	2.26
大　豆	Soybean	2.65	3.56	5.14	5.98	6.03	6.68
籼　米	Polished long-grained nonglutinous rice		2.48	3.47	5.02	5.04	5.11
粳　米	Polished medium to short-grained nonglutinous rice		2.92	4.25	5.58	5.57	5.61
棉　花	Cotton (Unginned cotton)	3.45	5.14	6.90	7.18	7.18	6.85
花生仁	Peanut kernel		6.54	9.84	11.89	12.72	14.26
油菜籽	Rapeseed		2.50	4.12	5.33	5.39	5.57
活　猪	Hog	5.38	7.97	11.18	12.60	17.97	35.63
仔　猪	Piglet	7.32	12.79	14.87	25.83	38.69	90.64
猪　肉	Pork	9.48	13.33	18.24	20.72	28.38	54.52
牛　肉	Beef	12.30	17.15	32.55	63.40	69.42	81.87
羊　肉	Mutton	14.45	17.75	35.67	62.35	70.43	79.58
活　鸡	Live chicken		10.57	13.40	18.65	20.42	20.23
鸡　蛋	Hen's egg	4.71	6.61	8.26	9.47	10.85	8.58
草　鱼	Grass carp	7.60	9.42	13.02	16.61	15.90	16.48
鲤　鱼	Carp	8.28	8.67	11.02	14.07	13.98	14.35
鲢　鱼	Silver carp		7.43	9.15	11.38	11.55	12.24
带　鱼	Hairtail		10.57	15.49	27.48	28.54	30.78
大白菜	Chinese cabbage		1.50	2.16	3.14	2.97	3.52
黄　瓜	Cucumber		1.49	2.30	4.36	3.92	4.92
西红柿	Tomato		1.74	2.56	4.96	4.63	5.82
菜　椒	Green bell		1.98	3.28	5.43	5.68	6.49
四季豆	Kidney bean		2.25	3.87	7.05	7.55	8.40
红富士苹果	Fuji apple		3.71	7.18	9.60	16.12	10.30
香　蕉	Banana		3.07	5.08	5.89	6.32	5.84
橙　子	Orange		3.30	5.14	9.92	11.50	10.78

3-9 全国农产品集贸市场月度价格(8月份)
Monthly RMF Prices of Agricultural Products in August

单位：元/公斤(yuan/kg)

品 种	Categories	2000	2005	2010	2018	2019	2020
籼 稻	Long-grained nonglutinous rice	0.97	1.46	2.12	2.77	2.75	2.84
粳 稻	Medium to short-grained nonglutinous rice	1.30	1.78	2.62	3.23	3.11	3.17
小 麦	Wheat	0.98	1.47	2.07	2.56	2.54	2.65
玉 米	Maize (Corn)	0.89	1.31	2.11	2.00	2.06	2.35
大 豆	Soybean	2.64	3.56	5.22	5.99	6.04	6.73
籼 米	Polished long-grained nonglutinous rice		2.46	3.50	5.01	5.04	5.11
粳 米	Polished medium to short-grained nonglutinous rice		2.93	4.31	5.57	5.58	5.60
棉 花	Cotton (Unginned cotton)	3.50	5.10	6.96	7.13	7.16	6.88
花生仁	Peanut kernel		6.58	9.89	11.92	12.98	14.35
油菜籽	Rapeseed		2.52	4.25	5.36	5.36	5.62
活 猪	Hog	5.57	7.92	12.07	13.61	23.08	36.52
仔 猪	Piglet	7.43	12.50	16.19	26.52	44.59	94.32
猪 肉	Pork	9.82	13.28	19.51	22.15	36.86	55.44
牛 肉	Beef	12.66	17.22	32.77	63.65	72.62	83.02
羊 肉	Mutton	14.58	17.88	36.04	62.56	72.48	80.24
活 鸡	Live chicken		10.70	13.87	19.06	21.66	20.51
鸡 蛋	Hen's egg	5.17	6.77	8.97	11.16	11.71	9.25
草 鱼	Grass carp	7.34	9.39	13.03	16.51	16.06	16.60
鲤 鱼	Carp	7.89	8.55	11.28	14.07	14.04	14.34
鲢 鱼	Silver carp		7.35	9.23	11.35	11.81	12.29
带 鱼	Hairtail		10.66	15.55	27.53	28.55	30.94
大白菜	Chinese cabbage		1.49	2.37	3.47	3.09	4.03
黄 瓜	Cucumber		1.64	2.89	5.57	4.96	6.53
西红柿	Tomato		1.94	3.19	5.40	4.89	6.09
菜 椒	Green bell		2.03	3.43	5.87	5.86	6.89
四季豆	Kidney bean		2.42	4.42	8.57	8.46	9.75
红富士苹果	Fuji apple		3.83	7.29	9.93	15.51	10.25
香 蕉	Banana		3.20	5.00	6.34	6.33	5.84
橙 子	Orange		3.25	5.18	10.32	11.41	11.04

3-10 全国农产品集贸市场月度价格(9月份)
Monthly RMF Prices of Agricultural Products in September

单位：元/公斤(yuan/kg)

品 种	Categories	2000	2005	2010	2018	2019	2020
籼 稻	Long-grained nonglutinous rice	0.96	1.46	2.15	2.76	2.75	2.83
粳 稻	Medium to short-grained nonglutinous rice	1.26	1.79	2.63	3.21	3.12	3.17
小 麦	Wheat	0.97	1.47	2.10	2.57	2.55	2.68
玉 米	Maize (Corn)	0.90	1.32	2.14	1.98	2.03	2.35
大 豆	Soybean	2.51	3.51	5.23	5.97	6.04	6.76
籼 米	Polished long-grained nonglutinous rice		2.47	3.55	5.03	5.04	5.09
粳 米	Polished medium to short-grained nonglutinous rice		2.94	4.37	5.57	5.58	5.61
棉 花	Cotton (Unginned cotton)	3.34	5.28	7.53	7.13	7.02	6.88
花生仁	Peanut kernel		6.59	10.14	11.89	12.74	13.90
油菜籽	Rapeseed		2.54	4.17	5.36	5.40	5.63
活 猪	Hog	5.58	7.87	12.40	14.07	26.77	34.77
仔 猪	Piglet	7.54	12.16	16.38	26.60	51.81	91.30
猪 肉	Pork	9.98	13.23	20.08	23.02	41.95	53.21
牛 肉	Beef	12.81	17.44	33.17	64.32	76.05	83.56
羊 肉	Mutton	14.54	17.86	36.45	63.49	75.24	80.39
活 鸡	Live chicken		10.57	14.26	19.33	22.95	20.53
鸡 蛋	Hen's egg	5.29	6.96	9.36	11.19	12.48	9.64
草 鱼	Grass carp	7.35	9.39	13.12	16.58	16.12	16.56
鲤 鱼	Carp	7.74	8.59	11.46	14.14	14.04	14.14
鲢 鱼	Silver carp		7.42	9.33	11.45	11.80	12.34
带 鱼	Hairtail		10.63	15.76	27.71	28.79	30.98
大白菜	Chinese cabbage		1.41	2.19	3.62	2.89	3.71
黄 瓜	Cucumber		1.71	2.95	6.09	5.08	5.72
西红柿	Tomato		2.08	3.51	6.84	5.05	6.53
菜 椒	Green bell		2.21	3.63	7.19	5.96	7.48
四季豆	Kidney bean		2.56	4.62	9.43	8.40	9.90
红富士苹果	Fuji apple		3.79	7.01	10.10	12.89	10.07
香 蕉	Banana		3.50	4.91	6.71	6.42	6.04
橙 子	Orange		3.34	5.28	10.80	11.49	11.23

3-11 全国农产品集贸市场月度价格(10月份)
Monthly RMF Prices of Agricultural Products in October

单位：元/公斤(yuan/kg)

品 种	Categories	2000	2005	2010	2018	2019	2020
籼 稻	Long-grained nonglutinous rice	0.98	1.45	2.18	2.75	2.75	2.88
粳 稻	Medium to short-grained nonglutinous rice	1.29	1.77	2.64	3.15	3.11	3.17
小 麦	Wheat	1.00	1.45	2.11	2.59	2.57	2.71
玉 米	Maize (Corn)	0.90	1.29	2.10	1.97	2.01	2.41
大 豆	Soybean	2.47	3.48	5.31	5.98	6.03	6.79
籼 米	Polished long-grained nonglutinous rice		2.47	3.60	5.03	5.04	5.13
粳 米	Polished medium to short-grained nonglutinous rice		2.95	4.40	5.54	5.58	5.63
棉 花	Cotton (Unginned cotton)	3.50	5.51	9.37	7.06	6.79	6.93
花生仁	Peanut kernel		6.53	10.37	11.85	12.64	13.76
油菜籽	Rapeseed		2.57	4.21	5.41	5.40	5.67
活 猪	Hog	5.65	7.31	12.74	13.85	36.62	31.08
仔 猪	Piglet	7.44	10.55	16.49	25.57	66.95	82.06
猪 肉	Pork	10.16	12.72	20.47	22.91	56.94	47.90
牛 肉	Beef	12.77	17.49	33.43	64.71	79.05	83.97
羊 肉	Mutton	14.37	18.06	36.67	64.48	77.84	80.57
活 鸡	Live chicken		10.44	14.37	19.35	24.37	20.30
鸡 蛋	Hen's egg	5.09	6.66	9.13	10.60	12.68	9.29
草 鱼	Grass carp	7.31	9.29	13.16	16.25	16.06	16.37
鲤 鱼	Carp	7.65	8.47	11.45	13.98	14.03	14.05
鲢 鱼	Silver carp		7.35	9.33	11.36	11.94	12.22
带 鱼	Hairtail		10.52	15.85	27.65	29.07	30.99
大白菜	Chinese cabbage		1.27	2.17	2.90	2.61	3.18
黄 瓜	Cucumber		2.19	3.61	5.31	6.17	5.71
西红柿	Tomato		2.39	4.43	7.79	5.86	7.00
菜 椒	Green bell		2.50	4.20	7.54	6.15	7.64
四季豆	Kidney bean		2.78	5.18	8.79	8.96	9.93
红富士苹果	Fuji apple		3.56	6.82	9.92	11.05	9.76
香 蕉	Banana		3.48	4.59	6.65	6.27	5.91
橙 子	Orange		3.28	5.54	10.98	11.60	11.47

3-12 全国农产品集贸市场月度价格(11月份)
Monthly RMF Prices of Agricultural Products in November

单位：元/公斤(yuan/kg)

品 种	Categories	2000	2005	2010	2018	2019	2020
籼稻	Long-grained nonglutinous rice	1.00	1.45	2.30	2.77	2.77	2.93
粳稻	Medium to short-grained nonglutinous rice	1.26	1.76	2.77	3.16	3.13	3.21
小麦	Wheat	1.02	1.46	2.16	2.59	2.58	2.72
玉米	Maize (Corn)	0.92	1.26	2.12	1.99	2.00	2.45
大豆	Soybean	2.46	3.46	5.47	5.97	6.02	6.88
籼米	Polished long-grained nonglutinous rice		2.46	3.72	5.02	5.03	5.14
粳米	Polished medium to short-grained nonglutinous rice		2.95	4.54	5.54	5.54	5.64
棉花	Cotton (Unginned cotton)	3.57	5.48	11.10	7.05	6.68	6.85
花生仁	Peanut kernel		6.53	10.75	11.84	12.93	13.75
油菜籽	Rapeseed		2.58	4.41	5.39	5.42	5.71
活猪	Hog	5.79	7.09	13.58	13.53	32.20	30.26
仔猪	Piglet	7.56	9.57	16.97	24.82	67.05	77.00
猪肉	Pork	10.35	12.27	21.77	22.71	50.39	45.66
牛肉	Beef	12.62	17.54	34.12	65.96	79.75	84.16
羊肉	Mutton	14.63	18.18	38.40	66.60	78.23	81.17
活鸡	Live chicken		9.37	14.83	19.58	23.69	20.26
鸡蛋	Hen's egg	5.09	6.34	9.68	10.47	11.65	9.12
草鱼	Grass carp	7.25	9.12	13.31	16.17	15.89	16.16
鲤鱼	Carp	7.50	8.30	11.58	13.88	13.98	13.90
鲢鱼	Silver carp		7.21	9.60	11.38	11.81	12.08
带鱼	Hairtail		10.48	15.99	27.80	29.29	30.96
大白菜	Chinese cabbage		1.04	1.99	2.30	2.35	2.71
黄瓜	Cucumber		2.48	3.96	5.57	7.28	6.22
西红柿	Tomato		2.55	4.71	7.00	6.12	6.76
菜椒	Green bell		3.03	4.53	6.91	6.23	8.06
四季豆	Kidney bean		3.02	5.60	8.53	9.71	10.01
红富士苹果	Fuji apple		3.56	7.18	9.87	10.07	9.66
香蕉	Banana		3.46	4.63	6.97	5.98	5.82
橙子	Orange		3.32	5.71	10.47	11.20	10.70

3-13 全国农产品集贸市场月度价格(12月份)
Monthly RMF Prices of Agricultural Products in December

单位：元/公斤(yuan/kg)

品 种	Categories	2000	2005	2010	2018	2019	2020
籼稻	Long-grained nonglutinous rice	1.01	1.47	2.34	2.77	2.75	2.95
粳稻	Medium to short-grained nonglutinous rice	1.27	1.79	2.80	3.17	3.09	3.23
小麦	Wheat	1.06	1.47	2.17	2.60	2.58	2.73
玉米	Maize (Corn)	0.97	1.26	2.10	2.00	1.99	2.50
大豆	Soybean	2.46	3.46	5.48	6.00	6.04	6.95
籼米	Polished long-grained nonglutinous rice		2.48	3.77	5.02	5.02	5.17
粳米	Polished medium to short-grained nonglutinous rice		2.97	4.58	5.56	5.52	5.67
棉花	Cotton (Unginned cotton)	3.60	5.63	10.38	7.07	6.71	6.87
花生仁	Peanut kernel		6.51	10.86	11.81	12.98	13.75
油菜籽	Rapeseed		2.61	4.58	5.40	5.43	5.76
活猪	Hog	5.88	7.25	13.63	13.51	32.63	33.58
仔猪	Piglet	7.56	9.42	16.72	24.38	67.03	78.77
猪肉	Pork	10.21	12.34	21.86	22.85	50.09	49.95
牛肉	Beef	12.74	17.77	34.50	66.99	80.07	85.30
羊肉	Mutton	14.58	18.63	39.50	68.46	79.03	83.37
活鸡	Live chicken		9.18	14.98	19.78	23.07	20.57
鸡蛋	Hen's egg	5.10	6.21	9.77	10.32	11.18	9.75
草鱼	Grass carp	7.28	9.16	13.33	16.06	15.80	16.20
鲤鱼	Carp	7.56	8.28	11.58	13.86	13.89	13.95
鲢鱼	Silver carp		7.16	9.61	11.39	11.76	12.09
带鱼	Hairtail		10.48	16.29	27.73	29.13	30.95
大白菜	Chinese cabbage		1.11	1.71	2.09	2.40	2.63
黄瓜	Cucumber		2.72	3.78	6.96	7.55	6.41
西红柿	Tomato		2.93	4.31	7.41	8.52	7.08
菜椒	Green bell		3.32	4.23	6.73	7.16	9.72
四季豆	Kidney bean		3.49	5.40	9.18	12.01	11.11
红富士苹果	Fuji apple		3.65	7.43	10.01	9.86	9.70
香蕉	Banana		3.42	4.85	6.86	5.92	5.76
橙子	Orange		3.38	5.65	10.10	10.81	10.01

附录　全国农产品价格调查方案

Appendix　Programmes for the Survey of the Prices of Agricultural Products

农产品生产者价格调查与价格指数编报方案

1.调查目的

农产品生产者价格是指农产品生产者第一手（直接）出售其产品时实际获得的单位产品价格。开展农产品生产者价格调查是为了全面收集农产品生产者价格资料，客观反映全国农产品生产者价格水平和结构变动情况，满足农业与国民经济核算需要，为各级政府制定农业保护与农产品流通政策提供决策依据，向社会各界提供优质的农产品价格信息服务。

2.调查对象与调查方式

调查对象：农业生产者，包括农业生产经营单位和农户。

调查方式：采取抽样调查和重点调查相结合的调查方法。抽样调查将有农产品出售的农业生产者列为调查对象，采取随机抽样的调查方法；对一些区域性比较强的农产品则采取在主产区主观选样的方法选择农业生产者作为调查对象（调查对象的抽选办法详见《农产品生产者价格调查网点抽选办法》）。

3.调查内容

抽中生产者生产并出售的主要农产品，在辅助调查员的指导下，抽中的生产者将在报告期出售的农产品的名称、出售数量、价格、金额及时记入农产品生产者价格调查台账（台账表式附后）。

《农产品参考目录》是在充分征求部门、地方意见的基础上，根据新的行业分类标准制定的，各地必须执行全国统一的分类标准和代码。

4.调查周期和数据上报

农产品生产者价格调查周期为季度，执行日历年度。

《农产品生产者价格基层表》由县调查队（统计局）审核上报省（区、市）调查总队。季报数据应包括农业生产经营单位在报告期出售的农产品的名称、产品代码、计量单位、出售数量、金额、价格以及相应的基期价格。

《农产品生产者价格指数》综合定期报表由各调查总队上报国家统计局农村司，时间为季（年）度最后月的25日前。

5.农产品生产者价格的汇总方法

（1）计算调查样本某种农产品的平均价格（加权算术平均法）

某调查样本在报告期某产品出售金额之和除以报告期该产品出售数量之和。基期和报告期价格的计算方法相同。公式为:

$$p^h = \frac{\sum_{i=1}^{n} p_i q_i}{\sum_{i=1}^{n} q_i}$$

式中：p^h 为调查样本农产品季度平均价格，p_i 为第 i 次出售价格，q_i 为第 i 次出售数量，n 为农产品出售次数。

（2）计算某种农产品层级均价（简单平均法）

通过对不同调查样本某种农产品的季度平均价格进行简单平均得到该农产品层级均价。基期和报告期的计算方法相同。公式为:

$$p^x = \frac{\sum_{i=1}^{m} p_i^h}{m}$$

式中：p^x 为农产品层级平均价格，p_i^h 为第 i 个调查样本的季度平均价格，m 为出售农产品的调查样本个数。

（3）计算某种农产品省级均价（几何平均法）

通过对各层某种农产品的层级平均价格进行几何平均得到该农产品省级均价。基期和报告期的计算方法相同。公式为:

$$p^s = \sqrt[u]{\prod_{i=1}^{u} p_i^x}$$

式中：p^s 为农产品省级平均价格，p_i^x 为第 i 个层的季度平均价格，u 为出售农产品的层数。

（4）计算某种农产品全国均价（几何平均法）

通过对不同省份某种农产品的省级平均价格进行几何平均得到该农产品全国均价。基期和报告期的计算方法相同。公式为:

$$p^{qg}=\sqrt[v]{\prod_{i=1}^{v}p_i^s}$$

式中：p^{qg}为农产品全国平均价格，p_i^s为第 i 个省的季度平均价格，v 为出售农产品的调查省个数。

6.农产品代表产品的确定

（1）代表产品选择的原则和要求

①农、林、牧、渔四大类、各中类以及 90%以上的小类均选有代表品，以使价格指数能较好地反映各类别价格变动情况。

②选择对国计民生影响大的产品，一般生产量和销售量大的产品对国计民生影响较大。

③选择稳定性强的产品，因为代表品一经确定，就要连续观察几年。

④选择具有发展前景的新产品作为代表品。

⑤具有地方特色的产品，虽然在全国比重不大，但具有地方特色，也应选为代表品。一些季节性强的产品从全年看比重不大，但在某些季节是当地的主要产品，也要考虑进来，以确保全年和各季度平均价格及指数的代表性。

代表品一般稳定五年。在五年期间，若产品结构调整较快，以致影响代表性时，可提前进行修订。

（2）国家代表产品的选择

编制农产品生产者价格指数是以代表产品（类别）的价格变动来反映全部农产品的价格变化趋势和变动幅度。确定科学、合理的代表品对于编制农产品生产者价格指数具有重要意义。如果代表产品过少，会造成代表品不足、价格指数不准确；代表品过多，工作量过大，造成不必要的浪费。根据上述原则，在充分征求部门和地方意见的基础上，国家统计局农村司制订了全国农产品生产者价格调查的代表类别和代表产品。即《农产品参考目录》中用“*”所列示的农、林、牧、渔 4 个大类、180 种代表品。上述代表产品代表的各类别销售额占当年全国农产品销售额的 70%以上，具有足够的代表性。

（3）地方代表产品的选择

各省、自治区、直辖市执行全国统一的分类标准和代码，并根据国家下发的《农产品参考目录》，结合本地实际确定代表产品，包括目录中没有但在当地比较重要的产品。对于各地自行增加的代表品要报农村司审定，取得统一编码。

7.农产品代表品权数的计算

权数是衡量每种产品重要性的指标。由于每种产品在农业经济中的地位和作用不同，其价格变动对全部农产品价格变动的影响也有所不同。所以在计算价格指数时，要科学、合理地确定权数。

（1）权数确定的原则和要求

①只计算代表类别和代表产品的权数（如国家只给农产品参考目录中带*号的类别和产品分配权数），其他产品不分配权数。

②采用 2008-2010 三年的资料平均计算权数，权数一般五年更换一次。在五年期间，若出现产品更新换代快，以致影响权数代表性的情况时，应及时进行合理修正。

③重点做好大类、中类权数和重要品种权数的审核。对生产量和销售量不大、资料又难以收集的商品，在计算其权数时，可先确定该商品所在类的类值，并确定该类别主要商品的权数，用分摊法将剩余的权数按其比例（重要程度的次序）分配给余下的商品。

④由于农产品生产与出售季节性比较强，为客观、准确地反映农业生产者价格变动趋势和变动幅度，要对季度、季度累计和全年分别计算权数。

（2）权数的种类与资料来源

①商品（销售）权数：用于计算农产品生产者价格指数

农产品商品（销售）权数主要利用农产品销售额进行计算，各种代表产品的商品（销售）权数合计为 1000。权数资料来源于农村住户和农场的农产品出售金额资料，也可根据农村住户调查季报和账页资料进行加工整理，或利用农产品产量与商品率资料推算。

②产值权数：用于缩减农业发展速度。

各种代表产品的产值权数合计为 1000。产值权数资料取自农林牧渔业产值统计，或通过重点调查、部门资料进行推算。

8.农产品生产者价格指数计算方法与步骤

农产品生产者价格指数是反映一定时期内，农产品生产者出售的农产品价格水平变动趋势及幅度的相对数。

（1）计算代表品本季价格指数

①代表品省级价格指数：通过对本省范围内各层某农产品报告期均价与基期均价之比的几何平均得到，或者直接用该农产品省级报告期均价除以基期均价得到，两种方法可得到相同的结果。公式为：

$$I^s=\sqrt[w]{\prod_{i=1}^{w}\frac{p_{i1}^x}{p_{i0}^x}}=\sqrt[w]{\frac{\prod_{i=1}^{w}p_{i1}^x}{\prod_{i=1}^{w}p_{i0}^x}}$$

$$=\frac{\sqrt[w]{\prod_{i=1}^{w}p_{i1}^x}}{\sqrt[w]{\prod_{i=1}^{w}p_{i0}^x}}=\frac{p_1^s}{p_0^s}$$

式中：I^s 为代表品省级价格指数，p_{i1}^x 为第 i 个层报告期价格，p_{i0}^x 为第 i 个层基期价格，p_1^s 为省级报告期价格，p_0^s 为省级基期价格。

②代表品全国个体指数：通过对某代表品的全部调查省的报告期均价与基期均价之比的几何平均得到，或者某代表品全国报告期均价除以基期均价得到，两种方法能够得到相同的结果。

$$I^{qg}=\sqrt[g]{\prod_{i=1}^{g}\frac{p_{i1}^s}{p_{i0}^s}}=\sqrt[g]{\frac{\prod_{i=1}^{g}p_{i1}^s}{\prod_{i=1}^{g}p_{i0}^s}}$$

$$=\frac{\sqrt[g]{\prod_{i=1}^{g}p_{i1}^s}}{\sqrt[g]{\prod_{i=1}^{g}p_{i0}^s}}=\frac{p_1^{qg}}{p_0^{qg}}$$

式中：I^{qg} 为代表品全国价格指数，p_{i1}^s 为第 i 个调查省报告期价格，p_{i0}^x 为第 i 个调查省基期价格，p_1^{qg} 为全国报告期价格，p_0^{qg} 为全国基期价格。

（2）计算代表品累计价格指数

代表品省级累计价格指数：首先用省级单季价格的简单平均得到累计价格，基期和报告期的计算方法相同，公式为：

$$p^{s,lj}=\frac{\sum_{i=1}^{m}p^{s,dj}}{m}$$

式中：$p^{s,lj}$ 为省级累计价格，$p^{s,dj}$ 为省级单季价格，m 为季度数。

然后，利用该代表品省级报告期累计价格除以基期累计价格，得到累计价格指数，公式为：

$$I^{s,lj}=\frac{p_1^{s,lj}}{p_0^{s,lj}}$$

式中：$I^{s,lj}$ 为代表品省级累计价格指数，$p_1^{s,lj}$ 为省级报告期累计价格，$p_0^{s,lj}$ 为省级基期累计价格。

（3）计算小类价格指数

$$I=\frac{\sum I_iW_i}{\sum W_i}$$

式中：I 为该小类指数，I_i 为该小类下第 i 个代表品价格指数，W_i 为第 i 个代表品的产值权数或销售额权数。

（4）计算中类价格指数

$$I=\frac{\sum I_iW_i}{\sum W_i}$$

式中：I 为中类价格指数，I_i 为该中类下第 i 个小类价格指数，W_i 为第 i 个小类的产值权数或销售额权数。

（5）大类及总指数的计算，同中类价格指数计算方法。

（6）国家和省级价格指数计算方法一致。

9.农产品生产者价格调查有关问题说明

（1）农产品生产者价格是农业生产者第一次出售其产品时所获得的价格，因此，所调查的代表品是由抽中的生产者生产且出售的农产品，外购再出售的农产品不作为调查内容。

（2）如果抽中的生产者在调查时没有任何销售活动，该记录的各项观测值均为零，在季报时仍应保留该样本，同时上报空记录的个数，并说明情况。如确定该生产者在半年内都不可能有销售活动，则应以样本附近或相似特征的农业生产者替换。

（3）在数据录入、审核时，如果发现某抽中的生产者某些代表产品报告期与基期价格变动幅度较大，应查询该生产者出售的该代表品在品种、品质、销售条件等方面是否发生了改变，如果是由于上述非价格变动因素引起的，则应该剔除非价格变动因素，使报告期与基期代表品同质可比；如果新的产品已成为市场主流，则一般应调整基期价格。调整的方法可以相邻农户或地域的同质产品价格代替，如果缺乏相邻农户或地域的同质产品价格，也可以为空。

农产品集贸市场价格调查方案

1.调查目的

农产品集贸市场价格是指全国农产品主产区集贸市场主要农产品的成交价格。开展农产品集贸市场价格调查旨在收集农产品集贸市场价格资料，准确把握全国大宗农产品在主产区的价格走势，为提高我国农产品主产区的区域优势和市场竞争力服务。

2.调查内容

农产品集贸市场价格调查内容包括农牧渔业31种主要产品的集贸市场价格（调查品种见《农产品集贸市场价格（M405表）》），各调查产品的全国平均价格采用简单平均的方法计算。

3.调查对象

农产品集贸市场价格调查的统计范围为全国选中的农产品主产县。

4.调查周期与数据上报

（1）农产品集贸市场价格调查周期为月报。

（2）采价时间为每月25日左右，即每月24-26日内任一工作日。

（3）数据上报时间：采价后及时发送到服务器，如发现填报错误可在二个工作日内修正重报。

5.采价办法

（1）各省（区、市）对调查品种要统一口径，不得随意变换。所有调查品种的采价范围都是指一般普通商品、中等规格。经过加工，带有品牌包装的商品不在调查之列；经过分拣后加入精美包装作为礼品出售的农产品也不在调查之内。

（2）对于固定采价集市上没有的品种（如稻谷、活猪和籽棉等），为了保证调查数据的完整性，可采取以下几种办法：①可到其他有出售的市场取得价格；②仅在调查日当天无出售的产品，可根据上一日的情况采价；③原粮和籽棉可用市场上的大米和皮棉按当地的折算比率取得或到大米和籽棉加工点取得；④活猪价格可到农户或屠宰场取得；⑤当地不生产、也不从外地调入的产品价格就空缺。

（3）对同一品种不同等级价格的采价不好把握时，可用交易量较大的三个以上摊位价格的简单平均价作为该产品的价格。对同一品种、同一摊位、同一等级成交价格不一致时，用交易量较大的成交价作为该摊位、该产品的价格。

（4）猪、牛、羊肉如市场上出售的是带骨肉，采价时需按当地比率折成去骨价。

（5）水产品：淡水鱼要求是采活鱼价格（规格为1-2公斤）；带鱼可采死鱼价（包括每条规格在0.5-1公斤重的冷冻带鱼段）。

（6）蔬菜：采新鲜蔬菜价格。

（7）水果：采新鲜水果价格。

6.填报说明

（1）产品代码与计量单位：产品代码按M405表规定填报；单价单位为元/公斤（如采价时为“元/斤”应换算为元/公斤）。

（2）价格数据保留两位小数。

（3）如部分产品缺项，单价项应空缺。

（4）严格数据审核。各调查总队要对数据进行严格审核把关，在上报三个工作日内发现问题，可反馈县调查队核实重新上报（不计入差错）。

（5）开展农产品市场价格专题分析，有关农副产品价格的重大信息与研究报告，及时报送文字材料。

（6）年度价格走势分析与调查数据质量评估报告随12月价格报表一同报送。

7.指标解释

籼稻：指脱粒、烘干后的籼稻粒，包括早籼稻、晚籼稻。按国家标准的“中级品”取价。籼稻的国家3级标准是出糙率≥75%、整精米率≥44%、杂质率≤1%、水分≤13.5%、黄粒米≤1%、谷外糙米≤2%、互混率≤5%、色泽气味正常。

粳稻：指脱粒、烘干后的粳稻粒。按国家标准的“中级品”取价。粳稻的国家3级标准是出糙率≥77%、整精米率≥55%、杂质率≤1%、水分≤14.5%、黄粒米≤1%、谷外糙米≤2%、互混率≤5%、色泽气味正常。

小麦：指脱粒、烘干后的麦粒。按国家标准的"中级品"取价。小麦的国家3级标准是容量≥750（g/L，克/升）、不完善率≤8%、总杂质率≤1%、其中矿物质率≤0.5%、水分≤12.5%、色泽气味正常。

玉米：指脱粒、烘干后的玉米粒。不包括青贮玉米、甜糯玉米、鲜食玉米。按国家标准的"中级品"取价。玉米的国家3级标准是容量≥650（g/L，克/升）、不完善粒总含量≤8%、其中生霉粒≤2%、杂质含量≤1%、水分≤14%、色泽气味正常。

大豆：指去豆荚后的干豆。按国家标准的"中级品"取价。大豆的国家3级标准是完整粒率≥85（g/L，克/升）、合计损伤粒率≤1%、其中热损伤粒率≤0.2%、杂质含量≤1%、水分≤13%、色泽气味正常。

籼米：指籼稻经加工后的米粒。按国家标准的"中级品"取价。籼米的国家3级标准是碎米总量≤25%、其中小碎米≤2%、不完善粒≤4%、杂质总量≤0.3%、水分≤14.5%、黄粒米≤1%、互混率≤5%、色泽气味无异常。

粳米：指粳稻经加工后的米粒。按国家标准的"中级品"取价。粳米的国家3级标准是碎米总量≤12.5%、其中小碎米≤1.5%、不完善粒≤4%、杂质总量≤0.3%、水分≤15.5%、黄粒米≤1%、互混率≤5%、色泽气味无异常。

籽棉：指未经扎花加工除籽的棉花。按交易量最多的质量等级取价。

油菜籽：油菜的果实。按交易量最多的质量等级取价。

花生仁：去壳后的生花生。按交易量最多的质量等级取价。

活猪：待宰的肥猪，也称毛猪，大于等于65公斤以上。

仔猪：刚断奶的，准备育肥的小猪，小于等于30公斤。

猪肉：经屠宰加工后的去骨统肉。不包括排骨、猪头、猪蹄、猪内脏等。

活牛：待宰的肉牛。

牛肉：经屠宰加工后的去骨统肉。

活羊：包括山羊和绵羊，不包括羔羊。

羊肉：经屠宰加工后的去骨统肉。

活鸡：普通肉鸡，不包括雏鸡。

鸡蛋：普通鲜鸡蛋。

草鱼：指未经冷却处理的活鱼，重量1-2公斤。

鲤鱼：指未经冷却处理的活鱼，重量1-2公斤。

鲢鱼：指未经冷却处理的活鱼，重量1-2公斤。

带鱼：指经冷却处理的鱼，不带冰。重量0.5-1公斤。

大白菜：白菜类蔬菜，也称白菜。不包括小白菜、圆白菜（卷心菜）。

黄瓜：瓜菜类蔬菜。包括较细、较粗两种形态。不包括"迷你"黄瓜、瓜皮光滑的同类菜瓜。

西红柿：茄果类蔬菜，也称番茄。不包括"迷你"西红柿（圣女果）。

菜椒：茄果类蔬菜，也称青椒、柿子椒。

四季豆：豆类蔬菜，又叫芸豆，芸扁豆、豆角等。

红富士苹果：国产红富士苹果有多种类型，都作为红富士苹果采价。不包括香蕉苹果、国光苹果等。

香蕉：国产香蕉，不包括芭蕉、国外进口香蕉。

橙子：国产甘橙类水果，也称为甜橙，不包括橘子、柚子。

农产品参考目录

产品代码	农产品类别与品名	生产者价格代表产品	计　量
01	农业产品	*	
0101	谷物	*	公斤
010101	稻谷	*	公斤
01010101	早籼稻	*	公斤
0101010101	种用早籼稻		公斤
0101010199	其他早籼稻	*	公斤
01010102	晚籼稻	*	公斤
0101010201	种用晚籼稻		公斤
0101010299	其他晚籼稻	*	公斤
01010103	中籼稻	*	公斤
0101010301	种用中籼稻		公斤
0101010399	其他中籼稻	*	公斤
01010104	粳稻	*	公斤
0101010401	种用粳稻		公斤
0101010499	其他粳稻	*	公斤
01010105	糯稻		公斤
0101010501	种用糯稻		公斤
0101010599	其他糯稻		公斤
01010199	其他稻谷		公斤
0101019901	其他种用稻谷		公斤
0101019999	其他未列明稻谷		公斤
010102	小麦	*	公斤
01010201	硬质小麦	*	公斤
0101020101	种用硬质小麦		公斤
0101020199	其他硬质小麦	*	公斤
01010202	软质小麦	*	公斤
0101020201	种用软质小麦		公斤
0101020299	其他软质小麦	*	公斤
01010299	其他小麦		公斤
0101029901	其他种用小麦		公斤
0101029999	其他未列明小麦		公斤
010103	玉米	*	公斤
01010301	白玉米	*	公斤
0101030101	种用白玉米		公斤
0101030199	其他白玉米	*	公斤
01010302	黄玉米	*	公斤
0101030201	种用黄玉米		公斤
0101030299	其他黄玉米	*	公斤
01010303	糯玉米		公斤
0101030301	种用糯玉米		公斤
0101030399	其他糯玉米		公斤
01010304	甜玉米		公斤
0101030401	种用甜玉米		公斤
0101030499	其他甜玉米		公斤
01010399	其他玉米		公斤
0101039901	其他种用玉米		公斤
0101039999	其他未列明玉米		公斤
010104	谷子		公斤
0101040100	硬谷子		公斤
0101040200	糯谷子		公斤
0101049900	其他谷子		公斤

续表 1 continued 1

产品代码	农产品类别与品名	生产者价格代表产品	计　量
010105	高粱		公斤
01010501	红粒高粱		公斤
0101050101	种用红粒高粱		公斤
0101050199	其他红粒高粱		公斤
01010502	白粒高粱		公斤
0101050201	种用白粒高粱		公斤
0101050299	其他白粒高粱		公斤
01010503	糯高粱		公斤
0101050301	种用糯高粱		公斤
0101050399	其他糯高粱		公斤
01010599	其他高粱		公斤
0101059901	其他种用高粱		公斤
0101059999	其他未列明高粱		公斤
010106	大麦		公斤
01010601	裸大麦		公斤
0101060101	种用裸大麦		公斤
0101060199	其他裸大麦		公斤
01010602	皮大麦		公斤
0101060201	种用皮大麦		公斤
0101060299	其他皮大麦		公斤
010107	燕麦		公斤
0101070100	裸燕麦		公斤
0101070200	皮燕麦		公斤
0101080000	黑麦		公斤
010109	荞麦		公斤
0101090100	甜荞麦		公斤
0101090200	苦荞麦		公斤
010199	其他谷物		公斤
01019901	糜子		公斤
0101990101	硬糜子		公斤
0101990102	糯糜子		公斤
0101990200	紫米		公斤
0101990300	薏苡		公斤
0101999900	其他未列明谷物		公斤
0102	薯类	*	公斤
010201	马铃薯	*	公斤
0102010100	种用马铃薯		公斤
0102019900	其他马铃薯	*	公斤
010202	木薯		公斤
0102020100	鲜木薯		公斤
0102020200	木薯干		公斤
0102029900	其他木薯		公斤
010203	甘薯	*	公斤
0102030100	种用甘薯		公斤
0102030200	甘薯干		公斤
0102039900	其他鲜甘薯	*	公斤
0102990000	其他薯类		公斤
0103	油料	*	公斤
010301	花生	*	公斤
01030101	带壳花生		公斤
0103010101	种用带壳花生		公斤
0103010199	其他带壳花生	*	公斤

续表 2 continued 2

产品代码	农产品类别与品名	生产者价格代表产品	计　量
0103010200	花生仁		公斤
010302	油菜籽	*	公斤
01030201	双低油菜籽	*	公斤
0103020101	种用双低油菜籽		公斤
0103020199	其他双低油菜籽	*	公斤
01030299	其他油菜籽		公斤
0103029901	其他种用油菜籽		公斤
0103029999	其他未列明油菜籽		公斤
010303	葵花籽		公斤
01030301	油葵		公斤
0103030101	种用油葵		公斤
0103030199	其他油葵		公斤
01030302	食葵		公斤
0103030201	种用食葵		公斤
0103030299	其他食葵		公斤
010304	芝麻	*	公斤
01030401	白芝麻	*	公斤
0103040101	种用白芝麻		公斤
0103040199	其他白芝麻	*	公斤
01030402	黑芝麻	*	公斤
0103040201	种用黑芝麻		公斤
0103040299	其他黑芝麻	*	公斤
01030403	黄芝麻		公斤
0103040301	种用黄芝麻		公斤
0103040399	其他黄芝麻		公斤
010305	胡麻籽		公斤
0103050100	种用胡麻籽		公斤
0103059900	其他胡麻籽		公斤
010306	棉籽		公斤
0103060100	种用棉籽		公斤
0103069900	其他棉籽		公斤
010307	蓖麻籽		公斤
0103070100	种用蓖麻籽		公斤
0103079900	其他蓖麻籽		公斤
010308	芥子		公斤
0103080100	种用芥子		公斤
0103089900	其他芥子		公斤
010309	红花籽		公斤
0103090100	种用红花籽		公斤
0103099900	其他红花籽		公斤
010310	油棕果及油棕仁		公斤
0103100100	种用油棕果及油棕仁		公斤
0103109900	其他油棕果及油棕仁		公斤
0103110000	罂粟子		公斤
0103120000	油橄榄果		公斤
0103130000	油茶籽(油料)		公斤
0103990000	其他油料		公斤
0104	豆类	*	公斤
010401	大豆	*	公斤
0104010100	黄大豆	*	公斤
0104010200	黑大豆		公斤
0104010300	青大豆		公斤

续表 3 continued 3

产品代码	农产品类别与品名	生产者价格代表产品	计 量
0104010400	褐红大豆		公斤
0104010500	双青豆		公斤
0104010600	青仁乌豆		公斤
0104010700	小黑豆		公斤
0104019900	其他大豆		公斤
010402	绿豆	*	公斤
01040201	明绿豆	*	公斤
0104020101	种用明绿豆		公斤
0104020199	其他明绿豆	*	公斤
01040202	毛绿豆	*	公斤
0104020201	种用毛绿豆		公斤
0104020299	其他毛绿豆	*	公斤
010403	小豆	*	公斤
0104030100	红小豆	*	公斤
0104030200	灰白小豆		公斤
0104030300	狸小豆		公斤
0104039900	其他小豆		公斤
010404	干豌豆		公斤
01040401	白豌豆		公斤
0104040101	种用白豌豆		公斤
0104040199	其他白豌豆		公斤
01040402	绿豌豆		公斤
0104040201	种用绿豌豆		公斤
0104040299	其他绿豌豆		公斤
01040403	麻豌豆		公斤
0104040301	种用麻豌豆		公斤
0104040399	其他麻豌豆		公斤
010405	小扁豆		公斤
0104050100	大粒小扁豆		公斤
0104050200	小粒小扁豆		公斤
010406	干蚕豆		公斤
0104060100	种用干蚕豆		公斤
0104069900	其他干蚕豆		公斤
010407	芸豆		公斤
0104070100	种用芸豆		公斤
0104079900	其他芸豆		公斤
010408	饭豆		公斤
0104080100	种用饭豆		公斤
0104089900	其他饭豆		公斤
010409	干豇豆		公斤
0104090100	种用干豇豆		公斤
0104099900	其他干豇豆		公斤
010410	鹰嘴豆		公斤
0104100100	种用鹰嘴豆		公斤
0104109900	其他鹰嘴豆		公斤
010499	其他杂豆		公斤
0104990100	种用杂豆		公斤
0104999900	其他未列明杂豆		公斤
0105	棉花	*	公斤
0105010000	籽棉	*	公斤
010502	皮棉		公斤
0105020100	细绒棉皮棉		公斤

续表 4 continued 4

产品代码	农产品类别与品名	生产者价格代表产品	计　量
0105020200	长绒棉皮棉		公斤
0105990000	其他棉花		公斤
0106	生麻	*	公斤
0106010000	生亚麻	*	公斤
0106020000	生苎麻	*	公斤
0106030000	生黄红麻	*	公斤
0106040000	生线麻		公斤
0106050000	生苘麻		公斤
0106060000	生大麻		公斤
0106070000	生剑麻		公斤
0106990000	其他生麻类纤维植物		公斤
0107	糖料	*	公斤
0107010000	甘蔗	*	公斤
0107020000	甜菜	*	公斤
0107990000	其他糖料		公斤
0108	未加工烟草	*	公斤
0108010000	未去梗烤烟叶	*	公斤
0108020000	未去梗晒烟叶	*	公斤
0108030000	未去梗晾烟叶		公斤
0108040000	未去梗白肋烟		公斤
0108990000	其他未加工烟草		公斤
0109	饲料作物		公斤
0109010000	苜蓿		公斤
0109020000	青饲料		公斤
010903	饲料牧草		公斤
0109030100	苜蓿干草		公斤
0109030200	羊草		公斤
0109030300	沙打旺		公斤
0109039900	其他饲料牧草		公斤
0109040000	饲料作物用种子		公斤
0109990000	其他饲料作物		公斤
0110	水生植物类		公斤
0110010000	芦苇		公斤
0110020000	席草		公斤
0110030000	苇子		公斤
0110040000	莲子		公斤
0110050000	蒲草		公斤
0110060000	茨菇		公斤
0110990000	其他水生植物类		公斤
0112	蔬菜及食用菌	*	公斤
011201	蔬菜	*	公斤
01120101	叶菜类蔬菜	*	公斤
0112010101	芹菜	*	公斤
0112010102	油菜	*	公斤
0112010103	菠菜	*	公斤
0112010104	苋菜		公斤
0112010105	空心菜		公斤
0112010106	香菜		公斤
0112010107	茼蒿		公斤
0112010108	小白菜		公斤
0112010109	冬寒菜		公斤
0112010110	木耳菜		公斤

续表 5 continued 5

产品代码	农产品类别与品名	生产者价格代表产品	计 量
0112010111	茴香		公斤
0112010199	其他叶菜类蔬菜		公斤
01120102	白菜类蔬菜	*	公斤
0112010201	大白菜	*	公斤
0112010202	普通白菜		公斤
0112010203	乌榻菜		公斤
0112010204	菜心(菜薹)		公斤
0112010205	紫菜薹		公斤
01120103	芥菜类蔬菜		公斤
0112010301	叶用芥菜		公斤
0112010302	茎用芥菜		公斤
0112010303	根用芥菜		公斤
01120104	甘蓝类蔬菜	*	公斤
0112010401	结球甘蓝	*	公斤
0112010402	菜花	*	公斤
0112010403	花椰菜	*	公斤
0112010404	青花菜		公斤
0112010405	抱子甘蓝		公斤
0112010406	球茎甘蓝		公斤
0112010407	芥蓝		公斤
01120105	根茎类蔬菜	*	公斤
0112010501	白萝卜	*	公斤
0112010502	红萝卜	*	公斤
0112010503	胡萝卜	*	公斤
0112010504	水萝卜	*	公斤
0112010505	生姜	*	公斤
0112010506	榨菜头		公斤
0112010507	芋头		公斤
0112010508	百合		公斤
0112010509	山药		公斤
0112010510	牛蒡		公斤
0112010511	魔芋		公斤
0112010599	其他根茎类蔬菜		公斤
01120106	瓜菜类蔬菜	*	公斤
0112010601	黄瓜	*	公斤
0112010602	冬瓜	*	公斤
0112010603	西葫芦		公斤
0112010604	苦瓜		公斤
0112010605	南瓜		公斤
0112010606	佛手瓜		公斤
0112010607	丝瓜		公斤
0112010608	瓠瓜		公斤
0112010699	其他瓜菜类蔬菜		公斤
01120107	豆类蔬菜	*	公斤
0112010701	扁豆		公斤
0112010702	荚豆		公斤
0112010703	豇豆	*	公斤
0112010704	豌豆		公斤
0112010705	四季豆	*	公斤
0112010706	毛豆		公斤
0112010707	蚕豆		公斤
0112010799	其他豆类蔬菜		公斤

续表 6 continued 6

产品代码	农产品类别与品名	生产者价格代表产品	计　量
01120108	茄果类蔬菜	*	公斤
0112010801	茄子	*	公斤
0112010802	青椒	*	公斤
0112010803	辣椒	*	公斤
0112010804	西红柿	*	公斤
0112010899	其他茄果类蔬菜		公斤
01120109	莴苣及菊苣类蔬菜	*	公斤
0112010901	生菜	*	公斤
0112010902	结球莴苣(包心生菜)		公斤
0112010903	莴笋	*	公斤
0112010999	其他莴苣及菊苣类蔬菜		公斤
01120110	葱蒜类蔬菜	*	公斤
0112011001	洋葱		公斤
0112011002	大葱	*	公斤
0112011003	细香葱		公斤
0112011004	薤菜		公斤
0112011005	大蒜	*	公斤
0112011006	蒜苗		公斤
0112011007	蒜苔	*	公斤
0112011008	蒜头	*	公斤
0112011009	韭菜		公斤
0112011099	其他葱蒜类蔬菜		公斤
01120111	水生蔬菜	*	公斤
0112011101	莲藕	*	公斤
0112011102	荸荠		公斤
0112011103	慈姑		公斤
0112011104	莼菜		公斤
0112011105	水芹		公斤
0112011106	菱角		公斤
0112011107	茭白	*	公斤
0112011199	其他水生蔬菜		公斤
01120112	养植蔬菜		公斤
0112011201	豌豆苗		公斤
0112011202	豆芽菜		公斤
0112011203	黄花		公斤
0112011204	香椿		公斤
0112011205	竹笋		公斤
0112011206	芦笋		公斤
0112011207	金针菜		公斤
0112011208	黄秋葵		公斤
0112011209	菊苣		公斤
0112011299	其他养殖蔬菜		公斤
0112011300	蔬菜籽		公斤
0112019900	其他蔬菜		公斤
011202	食用菌	*	公斤
0112020100	平菇	*	公斤
0112020200	金针菇	*	公斤
0112020300	双孢蘑菇		公斤
0112020400	鸡腿菇		公斤
0112020500	杏鲍菇		公斤
0112020600	茶树菇		公斤
0112020700	滑菇		公斤

续表 7 continued 7

产品代码	农产品类别与品名	生产者价格代表产品	计 量
0112020800	草菇		公斤
0112020900	猴头菌		公斤
0112021000	香菇	*	公斤
0112021100	竹荪		公斤
0112021200	黑木耳	*	公斤
0112021300	黄背木耳		公斤
0112021400	白木耳	*	公斤
0112021500	松茸		公斤
0112021600	榛蘑		公斤
0112021700	灰树花		公斤
0112029900	其他食用菌		公斤
0113	花卉	*	
011301	盆栽花	*	
0113010100	孤挺花		盆
0113010200	银莲花(鳞茎类)		盆
0113010300	美人蕉	*	盆
0113010400	窄叶小草		盆
0113010500	铃兰		盆
0113010600	藏红花		盆
0113010700	仙客来		盆
0113010800	大丽花		盆
0113010900	独尾草		盆
0113011000	小苍兰		盆
0113011100	盆栽贝母		盆
0113011200	雪花莲		盆
0113011300	大岩桐		盆
0113011400	风信子		盆
0113011500	鸢尾		盆
0113011600	观音兰		盆
0113011700	水仙头		盆
0113011800	水仙花	*	盆
0113011900	虎眼万年青		盆
0113012000	酢浆草		盆
0113012100	晚香玉		盆
0113012200	毛茛		盆
0113012300	茜草		盆
0113012400	老虎莲		盆
0113012500	郁金香		盆
0113012600	杜鹃		盆
0113012700	盆栽菊花	*	盆
0113012800	凤梨		盆
0113012900	兰花		盆
0113013000	一品红		盆
0113013100	花烛属		盆
0113013200	君子兰		盆
0113013300	秋海棠		盆
0113013400	伽兰菜		盆
0113013500	新几内亚凤仙		盆
0113013600	仙人掌及多浆植物		盆
0113013700	花坛花卉		盆
0113013800	木本盆花		盆
0113019900	其他盆栽花		盆

续表 8 continued 8

产品代码	农产品类别与品名	生产者价格代表产品	计 量
011302	鲜切花及花蕾	*	
0113020100	康乃馨	*	枝
0113020200	满天星	*	枝
0113020300	勿忘我	*	枝
0113020400	玫瑰		枝
0113020500	情人草		枝
0113020600	紫罗兰		枝
0113020700	月季		枝
0113020800	香石竹		枝
0113020900	唐菖蒲		枝
0113021000	百合花	*	枝
0113021100	非洲菊	*	枝
0113021200	补血草		枝
0113021300	马蹄莲		枝
0113021400	火鹤		枝
0113029900	其他鲜切花及花蕾		枝
0114	盆景及园艺产品		
011401	园艺产品		
01140101	盆栽观叶植物		
0114010101	龙血树		株
0114010102	马拉巴栗		株
0114010103	喜林芋		株
0114010104	绿萝		株
0114010105	变叶木		株
0114010106	袖珍椰子		株
0114010107	盆栽散尾葵		株
0114010108	绿巨人		株
0114010109	花叶万年青		株
0114010110	竹芋		株
0114010111	白鹤芋		株
0114010112	花叶芋		株
0114010113	亮丝草		株
0114010199	其他盆栽观叶植物		株
0114010200	草皮		平方米
0114010300	草坪		平方米
0114019900	其他园艺产品		
0114990000	其他盆景及园艺产品		
0116	水果及坚果	*	
011601	水果(园林水果)	*	公斤
01160101	苹果	*	公斤
0116010101	红富士苹果	*	公斤
0116010102	国光苹果	*	公斤
0116010103	秦冠苹果	*	公斤
0116010104	香蕉苹果		公斤
0116010105	金冠苹果		公斤
0116010106	元帅苹果		公斤
0116010107	新红星苹果		公斤
0116010199	其他苹果		公斤
01160102	梨	*	公斤
0116010201	雪花梨	*	公斤
0116010202	鸭梨	*	公斤
0116010203	酥梨	*	公斤

续表 9 continued 9

产品代码	农产品类别与品名	生产者价格代表产品	计 量
0116010204	香梨		公斤
0116010205	苹果梨		公斤
0116010206	黄冠梨		公斤
0116010207	绿宝石梨		公斤
0116010208	冬果梨		公斤
0116010209	汞梨		公斤
0116010210	黄花梨		公斤
0116010299	其他梨		公斤
01160103	柑橘类水果	*	公斤
0116010301	柑橘	*	公斤
0116010302	橙	*	公斤
0116010303	宽皮柑橘		公斤
0116010304	柚类	*	公斤
0116010305	金柑		公斤
0116010399	其他柑橘类水果		公斤
01160104	葡萄	*	公斤
0116010401	巨峰葡萄	*	公斤
0116010402	玫瑰香葡萄		公斤
0116010403	白葡萄		公斤
0116010404	龙眼葡萄		公斤
0116010405	木纳格葡萄		公斤
0116010406	红提葡萄		公斤
0116010407	酿造葡萄		公斤
0116010499	其他葡萄		公斤
01160105	热带水果	*	公斤
0116010501	香蕉	*	公斤
0116010502	菠萝		公斤
0116010503	龙眼		公斤
0116010504	荔枝		公斤
0116010505	枇杷		公斤
0116010506	红毛丹		公斤
0116010507	芒果		公斤
0116010508	橄榄		公斤
0116010509	无花果		公斤
0116010510	鳄梨		公斤
0116010511	番石榴		公斤
0116010512	山竹果		公斤
0116010513	杨桃		公斤
0116010514	莲雾		公斤
0116010515	火龙果		公斤
0116010599	其他热带水果		公斤
01160106	瓜类水果	*	公斤
0116010601	西瓜	*	公斤
0116010602	哈密瓜	*	公斤
0116010603	华莱士瓜		公斤
0116010604	香瓜		公斤
0116010605	伊利沙白瓜		公斤
0116010606	金瓜		公斤
0116010607	木瓜		公斤
0116010699	其他瓜类水果		公斤
01160199	其他水果		公斤
0116019901	樱桃		公斤

续表 10 continued 10

产品代码	农产品类别与品名	生产者价格代表产品	计　量
0116019902	枣		公斤
0116019903	红果		公斤
0116019904	柿子		公斤
0116019905	桃		公斤
0116019906	李子		公斤
0116019907	石榴		公斤
0116019908	杏		公斤
0116019909	杨梅		公斤
0116019910	草莓		公斤
0116019911	黑莓		公斤
0116019912	桑椹		公斤
0116019913	猕猴桃		公斤
0116019914	沙棘		公斤
0116019999	其他未列明水果		
011602	干制水果及水果籽		
01160201	干制水果		
0116020101	葡萄干		公斤
0116020102	杏干		公斤
0116020103	梅干及李干		公斤
0116020104	苹果干		公斤
0116020105	龙眼干、肉		公斤
0116020106	柿饼		公斤
0116020107	干枣		公斤
0116020108	椰子干		公斤
0116020109	荔枝干		公斤
0116020199	其他干制水果		公斤
01160202	水果籽		公斤
0116020201	杏核		公斤
0116020202	葡萄籽		公斤
0116020299	其他水果籽		公斤
011603	食用坚果	*	公斤
01160301	椰子		公斤
0116030101	种用椰子		公斤
0116030199	其他椰子		公斤
0116030200	腰果		公斤
0116030300	核桃	*	公斤
0116030400	山核桃		公斤
01160305	栗子	*	公斤
0116030501	板栗	*	公斤
0116030502	锥栗		公斤
0116030503	丹东栗		公斤
0116030599	其他栗子		公斤
0116030600	松子		公斤
0116030700	榛子		公斤
0116030800	阿月浑子果(开心果)		公斤
0116030900	槟榔		公斤
0116031000	白果		公斤
0116031100	香榧		公斤
0116031200	巴旦杏		公斤
0116031300	夏威夷果		公斤
0116039900	其他食用坚果		公斤
0117	茶及饮料原料	*	

续表 11 continued 11

产品代码	农产品类别与品名	生产者价格代表产品	计　量
011701	茶叶	*	公斤
0117010100	红茶	*	公斤
0117010200	绿茶	*	公斤
0117010300	白茶		公斤
0117010400	黄茶		公斤
01170105	清茶	*	公斤
0117010501	铁观音		公斤
0117010502	乌龙茶	*	公斤
0117010599	其他清茶		公斤
01170106	黑茶		公斤
0117010601	普洱茶		公斤
0117010699	其他黑茶		公斤
01170107	再加工茶		公斤
0117010701	银杏茶		公斤
0117010799	其他再加工茶		公斤
0117019900	其他茶叶		公斤
011799	其他饮料原料		公斤
0117990100	可可豆		公斤
0117990200	咖啡豆		公斤
0117999900	其他未列明饮料原料		公斤
0118	香料原料		公斤
011801	调味香料		公斤
0118010100	花椒		公斤
0118010200	胡椒		公斤
0118010300	八椒		公斤
0118010400	桂皮		公斤
0118010500	桂花		公斤
0118010600	丁香		公斤
0118010700	豆蔻		公斤
0118010800	小茴香		公斤
0118010900	咖喱		公斤
0118011000	枯茗子		公斤
0118011100	蒿子		公斤
0118011200	杜松果		公斤
0118019900	其他调味香料		公斤
011802	香味料		公斤
0118020100	香子兰		公斤
0118020200	香茅草		公斤
0118020300	薄荷油		公斤
0118020400	留兰香		公斤
0118020500	啤酒花		公斤
0118020600	番红花		公斤
0118020700	姜黄		公斤
0118020800	麝香草		公斤
0118020900	月桂叶		公斤
0118029900	其他香味料		公斤
0119	中草药材		公斤
0119010000	甘草		公斤
0119020000	人参	*	公斤
0119030000	古柯叶		公斤
0119040000	罂粟杆		公斤
0119050000	当归		公斤

续表 12 continued 12

产品代码	农产品类别与品名	生产者价格代表产品	计 量
0119060000	田七		公斤
0119070000	党参		公斤
0119080000	黄连		公斤
0119090000	菊花	*	公斤
0119100000	冬虫夏草		公斤
0119110000	贝母		公斤
0119120000	川芎		公斤
0119130000	半夏		公斤
0119140000	白芍		公斤
0119150000	天麻		公斤
0119160000	黄芪		公斤
0119170000	大黄、籽黄		公斤
0119180000	白术		公斤
0119190000	地黄		公斤
0119200000	槐米		公斤
0119210000	杜仲		公斤
0119220000	茯苓		公斤
0119230000	枸杞	*	公斤
0119240000	大海子		公斤
0119250000	沉香		公斤
0119260000	沙参		公斤
0119270000	青蒿		公斤
0119280000	鱼藤根		公斤
0119290000	除虫菊		公斤
0119300000	灵芝		公斤
0119310000	五味子		公斤
0119320000	刺五加		公斤
0119330000	生地		公斤
0119340000	麦冬		公斤
0119350000	云木香		公斤
0119360000	白芷		公斤
0119370000	元胡	*	公斤
0119380000	山茱萸		公斤
0119390000	莲翘		公斤
0119400000	辛荑		公斤
0119410000	厚朴		公斤
0119420000	黄芩		公斤
0119430000	葛根		公斤
0119440000	柴胡		公斤
0119450000	麻黄		公斤
0119460000	列当		公斤
0119470000	肉苁蓉		公斤
0119480000	锁阳		公斤
0119490000	罗布麻		公斤
0119990000	其他中草药材		公斤
02	林业产品		
0201	育种和育苗		
020103	苗木类		株
02010301	针叶乔木苗类		株
0201030101	杉树树苗		株
0201030102	柏树树苗		株
0201030103	松树树苗		株

续表 13 continued 13

产品代码	农产品类别与品名	生产者价格代表产品	计 量
0201030104	银杏树苗		株
0201030199	其他针叶乔木树苗		株
02010302	阔叶乔木苗类		株
0201030201	槭树类树苗		株
0201030202	枫树类树苗		株
0201030203	冬青树类树苗		株
0201030204	桦树类树苗		株
0201030205	木棉树类树苗		株
0201030206	榛树类树苗		株
0201030207	杨树类树苗		株
0201030208	柳树类树苗		株
0201030209	樟树类树苗		株
0201030210	楠木类树苗		株
0201030211	榆树类树苗		株
0201030212	桂花树苗		株
0201030213	相思类树苗		株
0201030214	壳斗科类树苗		株
0201030299	其他阔叶乔木树苗		株
02010303	果树苗		株
0201030301	苹果树苗		株
0201030302	梨树苗		株
0201030303	葡萄树苗		株
0201030304	柑橘树苗		株
0201030305	桃树苗		株
0201030399	其他果树苗		株
02010304	竹苗		株
0201030401	毛竹苗		株
0201030402	撑蒿竹苗		株
0201030403	水竹苗		株
0201030404	淡竹苗		株
0201030405	慈竹苗		株
0201030406	红壳竹苗		株
0201030407	绿竹苗		株
0201030499	其他竹苗		株
02010305	灌木树苗		株
0201030501	蕃荔枝类灌木树苗		株
0201030502	夹竹桃类灌木树苗		株
0201030503	冬青类灌木树苗		株
0201030504	小檗类灌木树苗		株
0201030505	桦木及杨树类灌木树苗		株
0201030599	其他灌木树苗	*	株
0202	木材采伐产品	*	
020201	原木	*	立方米
02020101	针叶原木	*	立方米
0202010101	红松原木		立方米
0202010102	樟子松原木		立方米
0202010103	白松(云杉和冷杉)原木		立方米
0202010104	辐射松原木		立方米
0202010105	落叶松原木	*	立方米
0202010106	马尾松原木	*	立方米
0202010107	云南松原木		立方米
0202010108	杉木原条		立方米

续表 14　　continued 14

产品代码	农产品类别与品名	生产者价格代表产品	计　量
0202010199	其他针叶原木	*	立方米
02020102	非针叶原木	*	立方米
0202010201	栎木(橡木)原木	*	立方米
0202010202	山毛榉木原木		立方米
0202010203	楠木原木		立方米
0202010204	樟木原木		立方米
0202010205	泡桐木原木		立方米
0202010206	杨树原木		立方米
0202010207	水曲柳原木		立方米
0202010208	胡桃楸原木		立方米
0202010209	柞木原木		立方米
0202010210	桦木原木		立方米
0202010211	榆木原木		立方米
0202010212	柳木原木		立方米
0202010213	椴木原木		立方米
0202010214	桉树原木		立方米
0202010299	其他非针叶原木		立方米
020202	小规格木材		立方米
0202020100	针叶木小规格木材		立方米
0202029900	其他木小规格木材		立方米
0202030000	薪材		立方米
0202040000	短条及细枝等	*	立方米
0203	竹材采伐产品	*	
020301	竹材	*	吨
0203010100	毛竹	*	吨
0203010200	撑蒿竹		吨
0203010300	水竹		吨
0203010400	淡竹		吨
0203010500	慈竹		吨
0203010600	红壳竹		吨
0203019900	其他竹材		吨
0203990000	其他竹材采伐产品	*	吨
0204	林产品	*	
020401	天然橡胶	*	公斤
0204010100	天然橡胶乳		公斤
0204010200	烟胶片		公斤
0204010300	胶清片		公斤
0204010400	白皱片		公斤
0204010500	褐胶片		公斤
0204010600	标准胶片		公斤
0204019900	其他天然橡胶	*	公斤
020402	天然树脂、树胶	*	公斤
0204020100	天然生漆	*	公斤
0204020200	天然松脂		公斤
0204020300	虫胶		公斤
0204020400	桃胶		公斤
0204020500	冷杉胶		公斤
0204029900	其他天然树脂、树胶		公斤
020403	栲胶原料		公斤
0204030100	落叶松树皮		公斤
0204030200	杨梅树皮		公斤
0204030300	油柑树皮		公斤

续表 15 continued 15

产品代码	农产品类别与品名	生产者价格代表产品	计 量
0204030400	槲树皮		公斤
0204030500	木麻黄树皮		公斤
0204030600	黑荆树皮		公斤
0204030700	橡碗		公斤
0204030800	化香果		公斤
0204039900	其他栲胶原料		公斤
020404	非直接食用果类	*	公斤
0204040100	油桐籽	*	公斤
0204040300	沙棘果		公斤
0204040400	油棕果		公斤
0204040500	乌桕子		公斤
0204040600	油橄榄		公斤
0204040700	文冠果		公斤
0204040800	山苍籽		公斤
0204040900	黑棕子		公斤
0204041000	麻风树果(小桐子)		公斤
0204041100	黄连木果		公斤
0204041200	光皮梾(光皮树)果		公斤
0204049900	其他非直接食用果类		公斤
020405	编结用原料		公斤
0204050100	藤条		公斤
0204050200	柳条		公斤
0204050300	柠条		公斤
0204050400	荆条		公斤
0204050500	桑条		公斤
0204050600	灯心草		公斤
0204050700	菖蒲		公斤
0204050800	葵叶		公斤
0204059900	其他编织用原料		公斤
020406	染色、鞣革用植物原料		公斤
0204060100	五倍子		公斤
0204060200	地衣		公斤
0204060300	蓝靛		公斤
0204060400	薯莨		公斤
0204069900	其他染色、鞣革用植物原料		公斤
020407	野生植物活体		公斤
0204070100	野生乔木		公斤
0204070200	野生灌木		公斤
0204070300	野生藤木		公斤
0204070400	野生菌类		公斤
0204079900	其他野生植物活体		公斤
020408	野生植物采集产品		公斤
0204080100	野生植物根		公斤
0204080200	野生植物茎		公斤
0204080300	野生植物叶		公斤
0204080400	野生植物花		公斤
0204080500	野生植物果实		公斤
0204089900	其他野生植物采集产品		公斤
020499	其他林产品		公斤
0204990100	未加工天然软木		公斤
0204990200	棕片		公斤
0204990300	竹笋干		公斤

续表 16 continued 16

产品代码	农产品类别与品名	生产者价格代表产品	计 量
0204990400	黄柏柏		公斤
0204990500	山苍子		公斤
0204990600	桉树叶		公斤
03	饲养动物及其产品	*	
0301	活牲畜	*	
030101	猪	*	公斤
0301010100	种猪		公斤
0301010200	仔猪		公斤
0301010300	中猪		公斤
0301010400	能繁殖母猪		公斤
0301019900	其他活猪	*	公斤
030102	牛	*	公斤
0301020100	种牛		公斤
0301020200	黄牛	*	公斤
0301020300	水牛	*	公斤
0301020400	奶牛		公斤
0301020500	牦牛		公斤
0301020600	牛犊		公斤
0301020700	能繁殖母牛		公斤
0301029900	其他活牛		公斤
030103	马		公斤
0301030100	种马		公斤
0301030200	马驹		公斤
0301039900	其他活马		公斤
030104	驴		公斤
0301040100	种驴		公斤
0301049900	其他驴		公斤
0301050000	骡		公斤
030106	羊	*	公斤
03010601	绵羊	*	公斤
0301060101	细毛羊	*	公斤
0301060102	半细毛羊	*	公斤
0301060103	种绵羊		公斤
0301060104	能繁殖母绵羊		公斤
0301060199	其他绵羊		公斤
03010602	山羊	*	公斤
0301060201	种山羊		公斤
0301060202	奶山羊		公斤
0301060203	种绒山羊		公斤
0301060204	绒山羊	*	公斤
0301060205	能繁殖母山羊		公斤
0301060299	其他山羊		公斤
0301060300	能繁殖母羊		公斤
0301060400	羔羊		公斤
0301070000	骆驼		公斤
0301990000	其他活牲畜		公斤
0302	活家禽	*	公斤
030201	活鸡	*	公斤
03020101	蛋鸡		公斤
0302010101	种蛋鸡		公斤
0302010199	其他蛋鸡		公斤
03020102	雏鸡		公斤

续表 17 continued 17

产品代码	农产品类别与品名	生产者价格代表产品	计　量
0302010201	种雏鸡		公斤
0302010299	其他雏鸡		公斤
03020103	肉鸡	*	公斤
0302010301	种肉鸡		公斤
0302010399	其他肉鸡	*	公斤
03020199	其他活鸡		公斤
0302019901	其他种用活鸡		公斤
0302019999	其他未列明活鸡		公斤
030202	活鸭	*	公斤
03020201	雏鸭		公斤
0302020101	种用雏鸭		公斤
0302020199	其他雏鸭		公斤
03020202	成鸭	*	公斤
0302020201	种用成鸭		公斤
0302020299	其他成鸭	*	公斤
030203	活鹅	*	公斤
03020301	雏鹅		公斤
0302030101	种用雏鹅		公斤
0302030199	其他雏鹅		公斤
03020302	成鹅	*	公斤
0302030201	种用成鹅		公斤
0302030299	其他成鹅	*	公斤
030204	活火鸡		公斤
03020401	雏火鸡		公斤
0302040101	种用火鸡		公斤
0302040199	其他火鸡		公斤
03020402	成火鸡		公斤
0302040201	种用成火鸡		公斤
0302040299	其他成火鸡		公斤
030205	活珍珠鸡		公斤
03020501	雏珍珠鸡		公斤
0302050101	种用雏珍珠鸡		公斤
0302050199	其他雏珍珠鸡		公斤
03020502	成珍珠鸡		公斤
0302050201	种用成珍珠鸡		公斤
0302050299	其他成珍珠鸡		公斤
030299	其他活家禽		公斤
0302990100	鸽子		公斤
0302990200	鸵鸟		公斤
0302990300	野鸭		公斤
0302990400	鹌鹑		公斤
0302999900	其他未列明活家禽		公斤
0303	畜禽产品	*	公斤
030301	生奶	*	公斤
0303010100	生牛奶	*	公斤
0303010200	生羊奶		公斤
0303010300	生马奶		公斤
0303019900	其他生奶		公斤
030302	禽蛋	*	公斤
03030201	鸡蛋	*	公斤
0303020101	种用鸡蛋		公斤
0303020199	其他鲜鸡蛋	*	公斤

续表 18 continued 18

产品代码	农产品类别与品名	生产者价格代表产品	计　量
03030202	鸭蛋	*	公斤
0303020201	种用鸭蛋		公斤
0303020299	其他鲜鸭蛋	*	公斤
03030203	鹅蛋	*	公斤
0303020301	种用鹅蛋		公斤
0303020399	其他鲜鹅蛋	*	公斤
03030204	鹌鹑蛋		公斤
0303020401	种用鹌鹑蛋		公斤
0303020499	其他鲜鹌鹑蛋		公斤
0303029900	其他禽蛋		公斤
030303	天然蜂蜜及副产品		公斤
0303030100	天然蜂蜜		公斤
0303030200	蜂蜡		公斤
0303030300	鲜蜂王浆		公斤
0303039900	其他天然蜂蜜及副产品		公斤
030304	蚕茧		公斤
0303040100	桑蚕茧		公斤
0303040200	柞蚕茧		公斤
0303040300	蓖麻蚕茧		公斤
0303049900	其他蚕茧		公斤
030305	动物毛类	*	公斤
03030501	绵羊毛	*	公斤
0303050101	细羊毛	*	公斤
0303050102	半细羊毛	*	公斤
0303050103	剪羊毛		公斤
0303050199	其他绵羊毛		公斤
03030502	山羊毛	*	公斤
0303050201	山羊粗毛	*	公斤
0303050202	山羊绒	*	公斤
03030503	牦牛毛		公斤
0303050301	粗牦牛毛		公斤
0303050302	牦牛绒		公斤
0303050400	兔毛	*	公斤
03030505	骆驼毛		公斤
0303050501	骆驼粗毛		公斤
0303050502	骆驼绒		公斤
03030506	马毛		公斤
0303050601	马鬃		公斤
0303050602	马尾		公斤
0303050699	其他马毛		公斤
0303059900	其他动物毛类		
030306	生皮		张
03030601	整张生牛皮		张
0303060101	整张黄牛生皮		张
0303060102	整张水牛生皮		张
0303060199	其他整张牛生皮		张
03030602	整张绵羊生皮		张
0303060201	整张带毛绵羊生皮		张
0303060202	整张不带毛绵羊生皮		张
03030603	整张山羊生皮		张
0303060301	整张山羊板皮		张
0303060399	其他整张山羊生皮		张

续表 19 continued 19

产品代码	农产品类别与品名	生产者价格代表产品	计　量
0303060400	整张生猪皮		张
0303060500	整张生马皮		张
0303060600	整张爬行动物皮		张
0303069900	其他生皮		张
030307	生毛皮		张
0303070100	整张羔羊生毛皮		张
0303070200	整张水貂生毛皮		张
0303070300	整张狐生毛皮		张
0303070400	整张兔生毛皮		张
0303079900	其他生毛皮		张
030308	制刷用兽毛		公斤
0303080100	猪鬃		公斤
0303080200	制刷用山羊毛		公斤
0303089900	其他制刷用兽毛		公斤
030399	其他畜禽产品		公斤
0303990100	麝香		公斤
0303990200	鹿茸		公斤
0303990300	燕窝		公斤
0303990400	龟蛋		公斤
0303999900	其他未列明畜禽产品		
0399	其他饲养动物		
039901	爬行动物		公斤
0399010100	食用爬行动物		公斤
0399019900	其他爬行动物		公斤
039902	蛙类动物		公斤
0399020100	改良种用蛙苗		公斤
0399029900	其他食用蛙类动物		公斤
039903	家兔		公斤
0399030100	种用家兔		公斤
03990302	非种用家兔		公斤
0399030201	毛兔		公斤
0399030202	皮兔		公斤
0399030203	肉兔		公斤
039904	鹦形目鸟		公斤
0399040100	改良种用鹦形目鸟		公斤
0399040200	非种用鹦形目鸟		公斤
0399050000	蜂		公斤
0399060000	蚕		公斤
0399070000	驯鹿		公斤
0399080000	梅花鹿		公斤
0399090000	狐		公斤
0399100000	貂		公斤
0399110000	麝		公斤
0399990000	其他未列明饲养动物		
04	渔业产品	*	
0401	海水养殖产品	*	公斤
040101	海水养殖鱼	*	公斤
0401010100	海水养殖观赏鱼		公斤
0401010200	海水养殖鲈鱼	*	公斤
0401010300	海水养殖石斑鱼	*	公斤
0401010400	海水养殖美国红鱼		公斤
0401010500	海水养殖鲆鱼		公斤

续表 20 continued 20

产品代码	农产品类别与品名	生产者价格代表产品	计　量
0401010600	海水养殖大黄鱼	*	公斤
0401010700	海水养殖军曹鱼		公斤
0401010800	海水养殖鰤鱼		公斤
0401010900	海水养殖鲷鱼		公斤
0401011000	海水养殖河鲀		公斤
0401011100	海水养殖鲽鱼		公斤
0401019900	其他海水养殖活鱼		公斤
040102	海水养殖虾	*	公斤
0401020100	海水养殖中国对虾	*	公斤
0401020200	海水养殖南美白对虾		公斤
0401020300	海水养殖斑节对虾		公斤
0401020400	海水养殖日本对虾		公斤
0401020500	海水养殖龙虾		公斤
0401029900	其他海水养殖海虾		公斤
040103	海水养殖蟹	*	公斤
0401030100	海水养殖梭子蟹	*	公斤
0401030200	海水养殖青蟹		公斤
0401039900	其他海水养殖蟹		公斤
040104	海水养殖贝类	*	公斤
0401040100	海水养殖牡蛎	*	公斤
0401040200	海水养殖扇贝	*	公斤
0401040300	海水养殖贻贝		公斤
0401040400	海水养殖江珧		公斤
0401040500	海水养殖鲍		公斤
0401040600	海水养殖螺		公斤
0401040700	海水养殖蚶		公斤
0401040800	海水养殖蛤		公斤
0401040900	海水养殖蛏		公斤
0401049900	其他海水养殖贝类		公斤
040105	海水养殖藻类	*	公斤
0401050100	海水养殖海带	*	公斤
0401050200	海水养殖紫菜	*	公斤
0401050300	海水养殖裙带菜		公斤
0401050400	海水养殖江蓠		公斤
0401050500	海水养殖麒麟菜		公斤
0401050600	海水养殖石花菜		公斤
0401050700	海水养殖羊栖菜		公斤
0401050800	海水养殖苔菜		公斤
0401059900	其他海水养殖藻类		公斤
040199	其他海水养殖产品		公斤
0401990100	海水养殖海参		公斤
0401990200	海水养殖海胆		公斤
0401990300	海水养殖珍珠		公斤
0401990400	海水养殖海蜇		公斤
0401999900	其他未列明海水养殖产品		公斤
0402	海水养殖产品种苗		尾
040201	海水养殖鱼苗		尾
0402010100	海水养殖军曹鱼苗		尾
0402010200	海水养殖鰤鱼苗		尾
0402010300	海水养殖鲷鱼苗		尾
0402010400	海水养殖大黄鱼苗		尾
0402010500	海水养殖鲆鱼苗		尾

续表 21 continued 21

产品代码	农产品类别与品名	生产者价格代表产品	计量
0402010600	海水养殖鲽鱼苗		尾
0402010700	海水养殖鳎鱼苗		尾
0402010800	海水养殖鲀鱼苗		尾
0402019900	其他海水养殖鱼苗		尾
040202	海水养殖虾种苗		尾
0402020100	海水养殖对虾种苗		尾
0402020200	海水养殖中国对虾种苗		尾
0402020300	海水养殖南美白对虾种苗		尾
0402020400	海水养殖斑节对虾种苗		尾
0402020500	海水养殖日本对虾种苗		尾
0402020600	海水养殖龙虾种苗		尾
0402029900	其他海水养殖海虾种苗		尾
040203	海水养殖蟹苗		尾
0402030100	海水养殖梭子蟹苗		尾
0402030200	海水养殖青蟹苗		尾
0402039900	其他海水养殖蟹苗		尾
040204	海水养殖贝类种苗		尾
0402040100	海水养殖牡蛎种苗		尾
0402040200	海水养殖扇贝种苗		尾
0402040300	海水养殖贻贝种苗		尾
0402040400	海水养殖江珧种苗		尾
0402040500	海水养殖鲍种苗		尾
0402040600	海水养殖螺种苗		尾
0402040700	海水养殖蚶种苗		尾
0402040800	海水养殖蛤种苗		尾
0402040900	海水养殖蛏种苗		尾
0402049900	其他海水养殖贝类种苗		尾
040205	海水养殖藻类育苗		尾
0402050100	海水养殖海带苗		尾
0402050200	海水养殖紫菜苗		尾
0402050300	海水养殖裙带菜苗		尾
0402050400	海水养殖江蓠苗		尾
0402050500	海水养殖麒麟菜苗		尾
0402050600	海水养殖石花菜苗		尾
0402050700	海水养殖羊栖菜苗		尾
0402050800	海水养殖苔菜苗		尾
0402059900	其他海水养殖藻类育苗		尾
040299	其他海水养殖产品种苗		尾
0402990100	海水养殖海参苗		尾
0402990200	海水养殖海胆苗		尾
0402990300	海水养殖珍珠蚌		尾
0402990400	海水养殖海蜇苗		尾
0402999900	其他未列明海水养殖产品种苗		尾
0403	海水捕捞产品	*	公斤
040301	海水捕捞鲜鱼	*	公斤
0403010100	大黄鱼	*	公斤
0403010200	小黄鱼	*	公斤
0403010300	带鱼	*	公斤
0403010400	鳓鱼		公斤
04030105	比目鱼		公斤
0403010501	鲽鱼		公斤
0403010502	鳎鱼		公斤

续表 22 continued 22

产品代码	农产品类别与品名	生产者价格代表产品	计　量
0403010503	鲆鱼		公斤
04030106	金枪鱼		公斤
0403010601	长鳍金枪鱼		公斤
0403010602	黄鳍金枪鱼		公斤
0403010603	鲣鱼		公斤
0403010604	大眼金枪鱼		公斤
0403010605	蓝鳍金枪鱼		公斤
0403010699	其他金枪鱼		公斤
04030107	鳕鱼		公斤
0403010701	黑线鳕鱼		公斤
0403010799	其他鳕鱼		公斤
0403010800	沙丁鱼		公斤
0403010900	鲑鱼(海水)		公斤
0403011000	大马哈鱼		公斤
0403011100	角鲨,相关鲨鱼		公斤
0403011200	海鳗		公斤
0403011300	鳀鱼		公斤
04030114	鲳鱼		公斤
0403011401	绿青鲳鱼		公斤
0403011499	其他鲳鱼		公斤
0403011500	鲱鱼		公斤
0403011600	石斑鱼		公斤
0403011700	蓝圆鲹		公斤
0403011800	白姑鱼		公斤
0403011900	黄姑鱼		公斤
0403012000	梅童鱼		公斤
0403012100	方头鱼		公斤
0403012200	玉筋鱼		公斤
0403012300	梭鱼		公斤
0403012400	鲻鱼		公斤
0403012500	鲐鱼		公斤
0403012600	鲅鱼		公斤
0403012700	马面鲀		公斤
0403012800	竹荚鱼		公斤
0403019900	其他海水捕捞鲜鱼		公斤
040302	海水捕捞虾	*	公斤
0403020100	龙虾	*	公斤
0403020200	斑节对虾	*	公斤
0403020300	中国对虾	*	公斤
0403020400	日本对虾		公斤
0403020500	毛虾		公斤
0403020600	虾蛄		公斤
0403020700	鹰爪虾		公斤
0403029900	其他海水捕捞虾		公斤
040303	海水捕捞蟹	*	公斤
0403030100	梭子蟹	*	公斤
0403030200	青蟹	*	公斤
0403039900	其他海水捕捞蟹		公斤
040304	海水捕捞贝类	*	公斤
0403040100	贻贝	*	公斤
0403040200	蛤	*	公斤
0403040300	蚶		公斤

续表 23 continued 23

产品代码	农产品类别与品名	生产者价格代表产品	计 量
0403049900	其他海水捕捞贝类		公斤
040305	海水捕捞软体水生动物	*	公斤
0403050100	墨鱼	*	公斤
0403050200	鱿鱼	*	公斤
0403050300	沙蚕		公斤
0403059900	其他海水捕捞软体水生动物		公斤
0403990000	其他海水捕捞产品		公斤
0404	淡水养殖产品	*	公斤
040401	养殖淡水鱼	*	公斤
04040101	养殖淡水观赏鱼		公斤
0404010101	金鱼		公斤
0404010199	其他养殖淡水观赏鱼		公斤
0404010200	养殖淡水鳟鱼	*	公斤
0404010300	养殖淡水鳗鲡		公斤
0404010400	养殖淡水鲤鱼	*	公斤
0404010500	养殖淡水草鱼	*	公斤
0404010600	养殖淡水鳙鱼(胖头鱼)		公斤
0404010700	养殖淡水鲟鱼		公斤
0404010800	养殖淡水罗非鱼		公斤
0404010900	养殖淡水河鲀		公斤
0404011000	养殖淡水青鱼		公斤
0404011100	养殖淡水鲢鱼	*	公斤
0404011200	养殖淡水鲫鱼		公斤
0404011300	养殖淡水鳊鲂		公斤
0404011400	养殖淡水鲶鱼		公斤
0404011500	养殖淡水鮰鱼		公斤
0404011600	养殖淡水黄颡鱼		公斤
0404011700	养殖淡水鲑鱼		公斤
0404011800	养殖淡水池沼公鱼		公斤
0404011900	养殖淡水银鱼		公斤
0404012000	养殖淡水短盖巨脂鲤		公斤
0404012100	养殖淡水长吻鮠		公斤
0404012200	养殖淡水黄鳝		公斤
0404012300	养殖淡水鳜鱼		公斤
0404012400	养殖淡水鲈鱼		公斤
0404012500	养殖淡水乌鳢		公斤
0404012600	养殖淡水泥鳅		公斤
0404019900	其他养殖淡水鱼		公斤
040402	淡水养殖虾	*	公斤
0404020100	淡水养殖罗氏沼虾	*	公斤
0404020200	淡水养殖青虾	*	公斤
0404020300	淡水养殖克氏原螯虾		公斤
0404020400	淡水养殖南美白对虾		公斤
0404029900	其他淡水养殖虾		公斤
040403	淡水养殖蟹	*	公斤
0404030100	淡水养殖活河蟹	*	公斤
0404039900	其他淡水养殖蟹		公斤
040404	淡水养殖贝类	*	公斤
0404040100	淡水养殖河蚌	*	公斤
0404040200	淡水养殖螺		公斤
0404040300	淡水养殖蚬		公斤

续表 24 continued 24

产品代码	农产品类别与品名	生产者价格代表产品	计 量
0404049900	其他淡水养殖贝类		公斤
0404050000	淡水养殖螺旋藻		公斤
040499	其他淡水养殖产品		公斤
0404990100	淡水养殖龟		公斤
0404990200	淡水养殖鳖		公斤
0404990300	淡水养殖蛙		公斤
0404990400	淡水养殖珍珠		公斤
0404999900	其他未列明淡水养殖产品		公斤
0405	淡水养殖产品种苗		尾
040501	淡水鱼苗		尾
0405010100	鳟鱼苗		尾
0405010200	鳗鱼苗		尾
0405010300	鲤鱼苗		尾
0405010400	草鱼鱼苗		尾
0405010500	鳙鱼鱼苗		尾
0405010600	鲟鱼苗		尾
0405010700	罗非鱼苗		尾
0405010800	鲀鱼苗		尾
0405010900	青鱼苗		尾
0405011000	鲢鱼苗		尾
0405011100	鲫鱼苗		尾
0405011200	鳊鱼苗		尾
0405011300	鲶鱼苗		尾
0405011400	鲴鱼苗		尾
0405011500	黄颡鱼苗		尾
0405011600	鲑鱼苗		尾
0405011700	池沼公鱼苗		尾
0405011800	银鱼苗		尾
0405011900	短盖巨脂鲤苗		尾
0405012000	长吻鮠苗		尾
0405012100	黄鳝苗		尾
0405012200	鳜鱼苗		尾
0405012300	鲈鱼苗		尾
0405012400	乌鳢苗		尾
0405012500	泥鳅苗		尾
0405019900	其他淡水鱼苗		尾
040502	淡水养殖虾苗		尾
0405020100	罗氏沼虾苗		尾
0405020200	青虾苗		尾
0405020300	克氏原螯虾苗		尾
0405020400	南美白对虾苗		尾
0405029900	其他淡水养殖虾苗		尾
040503	淡水养殖蟹种苗		尾
0405030100	中华绒毛蟹(大闸蟹)种苗		尾
0405039900	其他淡水养殖蟹种苗		尾
040504	淡水养殖贝壳种苗		尾
0405040100	河蚌种苗		尾
0405040200	螺种苗		尾
0405040300	蚬种苗		尾
0405049900	其他淡水养殖贝壳种苗		尾
040505	淡水养殖藻类种苗		尾

续表 25 continued 25

产品代码	农产品类别与品名	生产者价格代表产品	计　量
0405050100	螺旋藻种苗		尾
0405059900	其他淡水养殖藻类种苗		尾
040599	其他淡水养殖产品种苗		尾
0405990100	稚龟种苗		尾
0405990200	稚鳖种苗		尾
0405990300	幼蛙种苗		尾
0405990400	珍珠蚌种苗		尾
0405999900	其他未列明淡水养殖产品种苗		尾
0406	淡水捕捞产品		公斤
040601	捕捞淡水鱼		公斤
0406010100	鳗鲡		公斤
0406010200	青鱼		公斤
0406010300	草鱼		公斤
0406010400	鲢鱼		公斤
0406010500	鳙鱼		公斤
0406010600	鲤鱼		公斤
0406010700	鲫鱼		公斤
0406010800	鳊鲂		公斤
0406010900	泥鳅		公斤
0406011000	鲶鱼		公斤
0406011100	鮰鱼		公斤
0406011200	黄颡鱼		公斤
0406011300	鲑鱼(淡水)		公斤
0406011400	鳟鱼		公斤
0406011500	河鲀		公斤
0406011600	池沼公鱼		公斤
0406011700	银鱼		公斤
0406011800	长吻鮠		公斤
0406011900	黄鳝		公斤
0406012000	鳜鱼		公斤
0406012100	鲈鱼		公斤
0406019900	其他捕捞淡水鱼		公斤
040602	淡水捕捞鲜虾		公斤
0406020100	罗氏沼虾		公斤
0406020200	青虾		公斤
0406020300	克氏螯虾(克氏原螯虾)		公斤
0406029900	其他淡水捕捞鲜虾		公斤
040603	淡水捕捞蟹		公斤
0406030100	中华绒毛蟹(大闸蟹)		公斤
0406039900	其他淡水捕捞蟹		公斤
040604	淡水捕捞鲜软体动物		公斤
0406040100	蜗牛		公斤
0406040200	螺		公斤
0406040300	河蚌		公斤
0406040400	蚬		公斤
0406049900	其他淡水捕捞鲜软体动物		公斤
0406050000	淡水捕捞螺旋藻		公斤
040699	其他淡水捕捞产品		公斤
0406990100	丰年虫		公斤
0406999900	其他未列明淡水捕捞产品		公斤